Gerald Drews
Christiane Schlüter

Geborgen sein

Wohlgefühle der Seele

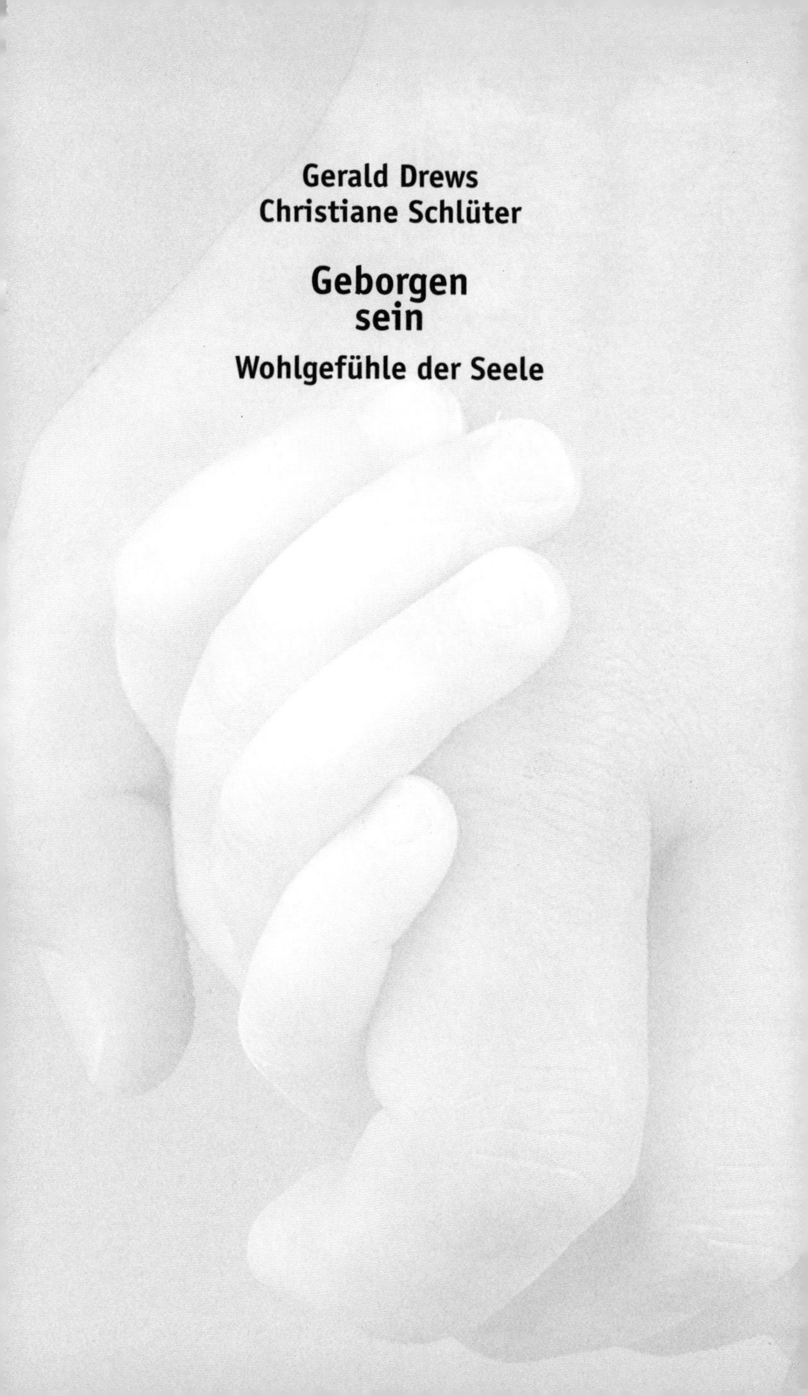

Gerald Drews
Christiane Schlüter

Geborgen sein

Wohlgefühle der Seele

Bibliographische Information der Deutschen Bibliothek

Die Deutsche Bibliothek verzeichnet diese Publikation in der Deutschen Nationalbibliographie; detaillierte bibliographische Daten sind im Internet über http://dnb.ddb.de abrufbar.

Umschlaggestaltung: UV Werbung,
Mediengruppe Sankt Ulrich Verlag, Augsburg
Titelbild: MEV
Druck und Bindung: Ludwig Auer GmbH, Donauwörth
Printed in Germany
ISBN 3-936484-41-4
www.sankt-ulrich-verlag.de

INHALT

Einleitung 10

Menschen

Bei dir bin ich zu Hause 14
Kinder, Kinder! 16
Elternliebe 18
Über die Freundschaft 20
Unbekannte Freunde 22
Gute Kollegen 24

Orte

Seelenlandschaft 28
Heimat 30
Plätze der Kindheit 32
Ein Zimmer für mich allein 34
Danke, liebes Bett! 36
Unterwegs 38
Bergende Kirchenmauern 40

Natur

Mein Freund, der Baum 44
Blumen-Geschenke 46
Mitgeschöpfe 48
Alles fließt 50
Verläßliche Erde 52
Rhythmus der Schöpfung 54

Schöne Künste

Geliebte Bücher 58
Vertraute Klänge 60
Bilder entdecken 62
Sich finden im Tanz 64
Schöpferische Freude 66

Rituale

Geborgen im Alltag 70
Hier gehe ich 72
Laß dich feiern 74
Glaubensfeste 76
Geliebte Dinge 78

Erinnerungsräume

Körper-Gedächtnis 82
Nichts geht verloren 84
Treue Zeugen 86

Liebe

Angenommen sein 90
Verschmelzen 92
Geben und Empfangen 94
Der gemeinsame Weg 96

Genuß

Vorfreude 100
Die Sinne spüren 102
Sich verwöhnen 104

Arbeit

Flow 108
Lernen 110
Erfolge 112
Nobody is perfect 114

Werte

Das ist mir wichtig 118
Etwas bewirken 120
Gleichgesinnte finden 122

Glauben

Gebet 126
Geboren werden 128
Sterben müssen 130
Gnade 132
Das Hohelied der Liebe 134

Ein kleines Lied

Ein kleines Lied! Wie geht's nur an,
Daß man so lieb es haben kann,
Was liegt darin? Erzähle!

Es liegt darin ein wenig Klang,
Ein wenig Wohllaut und Gesang
Und eine ganze Seele.

(Marie von Ebner-Eschenbach)

Einleitung

Geborgenheit – das ist eines der schönsten Worte, die es gibt. So vieles steckt darin: die Burg, in der wir Schutz und Zuflucht finden. Der Berg, der uns Ruhe vermittelt. Jemanden bergen heißt, ihn in Sicherheit zu bringen.

Geborgenheit ist ebenso ein Grundgefühl, eine Grundbefindlichkeit im Leben wie die Liebe. Aber anders als diese ist sie nicht so populär. Und auch nicht so vielseitig: In der Liebe kann man glücklich sein oder unglücklich. Die Geborgenheit kennt diese Unterscheidungen nicht. Entweder man fühlt sich geborgen oder nicht. So einfach ist das. So wunderbar eindeutig.

Aber Vorsicht! Wir sollten uns nicht täuschen: Bei aller Eindeutigkeit ist Geborgenheit doch nicht so einfach zu haben. Darin ähnelt sie wieder der Liebe. Nicht jedes Dach über dem Kopf etwa vermittelt bereits Geborgenheit. Um sich beispielsweise in einem Buswartehäuschen geborgen zu fühlen, muß das Wetter schon besonders scheußlich sein.

Es kommt also sehr auf die Begleitumstände an, ob wir uns geborgen fühlen oder nicht. Und auf unsere Bedürfnisse kommt es an. In der Kindheit erleben wir den Schutz, den die Eltern uns geben, als Geborgenheit. Je älter wir aber werden, desto mehr Freiraum brauchen wir. Dann bekommt die elterliche Geborgenheit leicht etwas Einengendes. Und dieses Thema, wie sich Geborgenheit mit Freiheit verträgt, wird uns ab da für den Rest des Lebens in all unseren zwischenmenschlichen Beziehungen begleiten. Es ist eines der großen Themen unseres Daseins. Weshalb auch in diesem Büchlein darüber nachgedacht wird.

Am Anfang des Buches standen allerdings nicht diese Überlegungen, sondern etwas anderes, viel Grundsätzlicheres. Nämlich die Frage: Was schenkt uns überhaupt Geborgenheit? Wo finden wir sie? Natürlich war sofort klar, daß es hier um Menschen gehen muß. Um die Menschen, die uns lieb und wertvoll sind und zu denen wir Vertrauen haben. Dann dürfen auch Orte nicht fehlen. Jeder von uns trägt die Bindung an Orte in sich, die ihm Sicherheit geben oder gegeben haben, die ihm etwas bedeuten.

Und dann weitete sich die Perspektive auf einmal, und es kamen überraschende Dinge in den Blick: Tätigkeiten, Überzeugungen, ja sogar die Arbeit. Nun zeigte sich: Die Welt bietet sehr viele Quellen der Geborgenheit. Es kommt darauf an, daß wir sie finden. Vor allem dazu will das Buch eine Hilfe sein.

Weil aber alle diese Quellen letztlich der einen Geborgenheit entspringen, die wir im Glauben finden, in der vertrauensvollen Rückbindung an den Grund des Lebens, so endet damit auch dieses Buch. Geborgenheit, auch die des Glaubens, ist ein Geschenk. Seien wir dankbar dafür.

Menschen

Heimat ist nicht der Ort,
sondern die
Gemeinschaft der Gefühle.

(Bodeninschrift in der Galerie der Gegenwart in Hamburg)

Nicht da ist man daheim, wo man seinen Wohnsitz hat, sondern da, wo man verstanden wird.

(Christian Morgenstern)

Bei dir bin ich zu Hause

Es war ein regnerischer Tag im April – genau so einer wie heute. Wir gingen die Straße entlang und unterhielten uns über dies und das. Nichts Besonderes. „Sieh mal, da", sagtest du plötzlich und zeigtest auf eine Böschung, die blau übersät war mit kleinen Blüten. Wir blieben stehen und betrachteten versunken dieses Stückchen Erde. Ganz still war es zwischen uns, nur von ferne rauschte der Großstadtverkehr. „Schön, nicht?"

Unsere Blicke trafen sich. Und ich wußte nicht, woran ich mich mehr freute: an den mutigen kleinen Blumen, die da der Kälte trotzten, oder an dieser Vertrautheit zwischen uns beiden. An dieser wortlosen Übereinstimmung, die tiefer reicht als alle Unterschiede.

Immer wieder zeigt sie sich – oft in Momenten, in denen ich sie gar nicht erwarte.

Zu dieser Vertrautheit gehört ja viel mehr, als gemeinsame Ziele und Interessen zu haben. Es gehört die Geborgenheit dazu, die nur dort existiert, wo kein Zwang regiert. Zu wissen: Bei dir darf ich so sein, wie ich bin. Du neidest mir meine Stärken nicht und nutzt meine Schwächen nicht aus. Du freust dich, Schönes mit mir zu teilen. Ohne dich würde mir unendlich viel fehlen. Und ich bin sicher, dir geht es umgekehrt genauso.

Sachte stupste dein Ellenbogen mich an. „Nun ist der Frühling bald da“, sagte ich. Und dann sprachen wir von etwas ganz anderem. Erst abends dachte ich noch einmal an diese kleine Szene. „Es stimmt doch“, dachte ich glücklich. „Daheim ist man da, wo man verstanden wird.“

Durch Umgang mit Kindern
gesundet die Seele.

(Fjodor M. Dostojewski)

Kinder, Kinder!

Der kleine Maxi, gerade mal vier Jahre alt, fuhr mit dem Zug. Er saß am Fenster und preßte die Nase an die Scheibe. Ihm gegenüber saß Oma.

Draußen zogen die Wiesen und Felder vorbei, und schließlich schob sich ein Waldstück ganz nah an den Bahndamm heran. Maxi zeigte auf die dunklen Tannen und erschauerte wohlig. „Da draußen“, sagte er zur Oma halb fragend, halb bittend, „da draußen lauert Gefahr, gell?“ Zu gern hätte er etwas von gefährlichen Wölfen oder Bären gehört, die in diesem Waldstück herumstreiften und ihm doch nichts tun konnten, weil er ja sicher und geborgen mit der Oma im Zug saß.

Wir Erwachsenen im Abteil schmunzelten. Und dann fing auch ich an, mir vorzustellen, was da draußen alles sein könnte – und fand es in unserem Abteil gleich noch mal so gemütlich.

Kinder sehen die Welt auf ihre eigene Weise, und im Umgang mit ihnen sehen auch wir die Welt anders. Bunter, spannender – wir achten mehr auf die kleinen Dinge, die wir sonst übersehen würden. Und wir lassen uns von der Begeisterung der Kinder anstecken. Von ihrem unbedingten Vertrauen in die Welt. So schenkt uns der Umgang mit Kindern ein Gefühl der Geborgenheit. Wie im Märchen – da muß schließlich auch alles gut ausgehen.

Wenn man seine Kindheit bei sich hat, wird man nie älter.

(Johann Wolfgang von Goethe)

Die Liebe der Eltern flackert nicht umher
wie die Liebe junger Herzen,
sie sitzt tief und bleibt beständig,
und wenn sie auch mal
in den Winkel gestampft wird,
so bricht sie immer wieder hervor.

(Gustav Freytag)

Elternliebe

Zuerst, ganz am Anfang, war eure Liebe lebensnotwendig. Dann, mit den Jahren, veränderten wir uns – und die Liebe wandelte sich auch. Es gab Zeiten, da ging sie mir auf die Nerven, eure Liebe. Ich euch sicher ebenso. Irgendwann wurde auch das wieder anders.

Doch immer wußten wir voneinander. Und das ist die Hauptsache.

Nicht Fleisch und Blut, das Herz
macht uns zu Vätern und Söhnen.

(Friedrich Schiller)

An meine Mutter

So gern hätt' ich ein schönes Lied gemacht
Von deiner Liebe, deiner treuen Weise;
Die Gabe, die für andre immer wacht,
Hätt' ich so gern geweckt zu deinem Preise.
Doch wie ich auch gesonnen mehr und mehr,
Und wie ich auch die Reime mochte stellen,
Des Herzens Fluten wallten drüber her,
Zerstörten mir des Liedes zarte Wellen.
So nimm die einfach schlichte Gabe hin,
Von einfach ungeschmücktem Wort getragen,
Und meine ganze Seele nimm darin;
Wo man am meisten fühlt,
Weiß man nicht viel zu sagen.

(Annette von Droste-Hülshoff)

Eines Vaters Segen kann nicht im Wasser ertränkt noch im Feuer verbrannt werden.

(Aus Russland)

Über die Freundschaft

Zwei Fabeln

Nach vielen Jahrhunderten gefiel es dem Phönix, sich wieder einmal sehen zu lassen. Er erschien und alle Tiere und Vögel versammelten sich um ihn. Sie gafften, sie staunten, sie bewunderten und brachen in entzücktes Lob aus.

Bald aber wandten die besten und geselligsten mitleidsvoll ihre Blicke und seufzten: „Der unglückliche Phönix! Ihm ward das harte Los, weder Geliebte noch Freund zu haben; denn er ist der einzige seiner Art!“

Eine gesellige Nachtigall fand unter den Sängern des Waldes Neider die Menge, aber keinen Freund. Vielleicht finde ich ihn unter einer anderen Gattung, dachte sie und flog vertraulich zu dem Pfau hinab.

„Schöner Pfau! Ich bewundere dich.“ –

„Ich dich ebenso, liebliche Nachtigall!" – „So laß uns Freunde sein", sprach die Nachtigall weiter; „wir werden uns nicht beneiden dürfen; du bist dem Auge so angenehm als ich dem Ohre."

Nachtigall und Pfau wurden Freunde.

(Gotthold Ephraim Lessing)

Auf den ersten Blick widersprechen sich die zwei Fabeln. Und doch haben sie gerade zusammen recht: Freundschaft gedeiht da am besten, wo es Gemeinsamkeiten und Unterschiede zugleich gibt. Freunde brauchen etwas Verbindendes, damit sie einander verstehen können. Und Freunde brauchen Unterschiede, die den einzelnen unverwechselbar machen. Wo Freunde einander alles gönnen, weil jeder auch den eigenen Wert kennt, da wird die Freundschaft zu einem wirklichen Raum der Geborgenheit – so, wie sie von Gott gemeint ist.

Unbekannte Freunde

Es gibt ein paar Menschen, die kenne ich fast gar nicht. Und doch würden sie mir fehlen, wenn ich sie plötzlich nicht mehr sähe. Sie sind keine Freunde im eigentlichen Sinn, ja noch nicht einmal richtige Bekannte. Und doch sind sie mir auf irgendeine Art ganz vertraut.

Da ist zum Beispiel der Mann von der Reinigung. Seit vier Jahren suche in nun schon sein Geschäft auf. Wir wechseln ein paar Worte, nicht viel mehr als „Bitte“ und „Danke“ und „Soll ich's auf dem Bügel lassen?“ Ich weiß, wie es im Laden riecht, ich kenne die Temperaturen darin im Sommer und im Winter. Neulich habe ich zum Umbau gratuliert und mich gefreut, daß die schönen alten Meisterbriefe nach wie vor an der Wand hängen.

Oder die Verkäuferin im Stehimbiß. Sie weiß schon meine Gewohnheiten: die Kartoffeln mit viel Butter, aber den Eintopf ohne Wurst bitte. Und manchmal möchte ich noch Nachschlag. Neulich wurde die Verkäuferin mittags von ihrer Familie abgeholt. Ich habe mir die Gesichter genau angeguckt, versucht, Ähnlichkeiten festzustellen. Neugier? Nein, eher Sympathie.

Und dann die Frau mit den beiden Mädchen, der ich seit einiger Zeit jeden Morgen über den Weg laufe, wenn ich zum Auto gehe. Sie bringt ihre Töchter wohl zum Kindergarten. Ich begegne ihr noch nicht lange, bisher hat sie mich nicht bemerkt. Aber eines Tages werden unsere Blicke sich treffen – und dann gehört auch sie zu diesem merkwürdigen Kreis dazu – zu meinen Freunden des Alltags.

Ein unbekannter Freund
ist auch ein Freund.

(Gotthold Ephraim Lessing)

Eine Gemeinschaft ist wie ein Schiff:
Jeder sollte bereit sein,
das Ruder zu übernehmen.

(Henrik Ibsen)

Gute Kollegen

Kollegen können wir uns nicht aussuchen, wohl wahr. Obgleich wir oft den größten Teil des Tages mit ihnen verbringen. Und genau darin liegt auch eine Chance zur Begegnung.

Kollegen sollte man nie nach dem ersten Eindruck beurteilen, sonst geht man an dieser Chance vorüber. Vieles kommt nämlich erst auf dem zweiten oder gar dritten Blick zum Vorschein: eine Begabung zum Beispiel, oder eine nette kleine Marotte. Wer sich auf Gespräche einläßt, stellt irgendwann Gemeinsamkeiten fest. Und ehe man sich's versieht, ist man einander vertraut geworden. Ist verbunden durch die miteinander verbrachte Zeit, durch die Aufgaben, die gemeinsam bewältigt wurden, durch Erfolge und Mißerfolge.

Dazu ist es auch gar nicht nötig, dem anderen das eigene Herz auszuschütten oder allzuviel Privates über sich zu erzählen. Authentisch bleiben, man selbst sein – nur darauf kommt es an.

Auch das bedeutet Geborgenheit – zu spüren: So, wie ich bin, bin ich im Kollegenkreis angenommen und geschätzt. Wir brauchen diese Wertschätzung, wenn uns die Arbeit gut von der Hand gehen soll. Es lohnt sich, wenn wir uns um sie bemühen. Wir bekommen viel zurück.

Der Mensch für sich allein
vermag gar wenig und
ist ein verlassener Robinson;
nur in der Gemeinschaft
mit den andern ist und
vermag er viel.

(Arthur Schopenhauer)

Orte

Wenn die Wurzeln tief sind,
braucht man den
Wind nicht zu fürchten.

(Aus China)

Seelenlandschaft

Geborgen zu sein in sich selbst – das ist kein dauernder Zustand, sondern das Geschenk eines besonderen Augenblicks. Wenn die Seele heimkehrt und ruhig wird, etwa am Ende eines Tages. Dann können wir uns überall zu Hause fühlen. Dann sind wir innerlich angekommen. Solche Momente sind selten. Genießen wir sie!

Mondnacht

Es war, als hätt der Himmel
Die Erde still geküßt,
Daß sie im Blütenschimmer
Von ihm nun träumen müßt.

Die Luft ging durch die Felder,
Die Ähren wogten sacht,
Es rauschten leis die Wälder,
So sternklar war die Nacht.

Und meine Seele spannte
Weit ihre Flügel aus,
Flog durch die stillen Lande,
Als flöge sie nach Haus.

(Joseph von Eichendorff)

Gerade weil diese Momente so selten sind, brauchen wir auch immer wieder ganz reale Orte, an denen wir uns geborgen fühlen, die für uns ein Zuhause bedeuten. Meistens gibt es in unserem Leben mehrere solcher Orte. Zusammen bilden sie eine Landkarte. Wie könnte zum Beispiel Ihre ganz persönliche Landkarte aussehen? Auf den folgenden Seiten finden Sie einige Orte, die vielleicht auch für Sie ihre Bedeutung haben.

Heimat

Auf diesen Hügeln überseh ich meine Welt!
Hinab ins Tal, mit Rasen sanft begleitet,
Vom Weg durchzogen, der hinüberleitet,
Das weiße Haus inmitten aufgestellt,
Was ist's, worin sich hier der Sinn gefällt?

Auf diesen Hügeln überseh ich meine Welt!
Erstieg ich auch der Länder steilste Höhen,
Von wo ich könnt die Schiffe fahren sehen
Und Städte fern und nah von Bergen stolz umstellt,
Nichts ist's, was mir den Blick gefesselt hält.

Auf diesen Hügeln überseh ich meine Welt!
Und könnt ich Paradiese überschauen,
Ich sehnte mich zurück nach jenen Auen,
Wo deines Daches Zinne meinem Blick sich stellt,
Denn der allein umgrenzet meine Welt.

(Bettina von Arnim)

Wie wir unsere Mutter lieben,
so lieben wir auch den Boden,
worauf wir geboren sind,
so lieben wir die Blumen,
den Duft, die Sprache und die Menschen,
die aus diesem Boden hervorgeblüht sind.

(Heinrich Heine)

Und ergreift auf einmal uns
Das Heimweh ganz,
Dann gehen wir wie die Gefährten
Auch eine andere Straße,
Den Weg, der uns führen kann
Zurück ins eigene Land.

(Otfried von Weissenburg)

Plätze der Kindheit

Ist nicht die Kindheit der verborgene Keim,
aus welchem nach und nach
der reiche Baum des Lebens
mit allen seinen Leiden und Freuden
sich auseinanderschlägt?

(Johann Peter Hebel)

Mittagszauber

Im Garten wandelt hohe Mittagszeit,
der Rasen glänzt, die Wipfel schatten breit;
von oben sieht, getaucht in Sonnenschein
und leuchtend Blau, der alte Dom herein.

Am Birnbaum sitzt mein Töchterlein im Gras;
die Märchen liest sie, die als Kind ich las;
ihr Antlitz glüht, es zieh'n durch ihren Sinn
Schneewittchen, Däumling,
Schlangenkönigin.

Kein Laut von außen stört; 's ist Feiertag –
nur dann und wann vom Turm ein
Glockenschlag!
Nur dann und wann der mattgedämpfte Schall
im hohen Gras von eines Apfels Fall!

Da kommt auf mich ein Dämmern wunderbar,
gleich wie im Traum verschmilzt, was ist und war:
die Seele löst sich und verliert sich weit
im Märchenreich der eignen Kinderzeit

(Emanuel Geibel)

Die Weisheit führt uns
zur Kindheit zurück.

(Blaise Pascal)

Ein Zimmer für mich allein

Worpswede um 1900: Das Dorf bei Bremen ist zum Paradies für eine neue Generation von Malern geworden. Schlicht und einfach sollen die Bilder sein – von nichts als von der Natur inspiriert. Eine der mutigsten und modernsten Künstlerinnen jener Zeit ist die junge Paula Becker aus Bremen. Von 1900 bis zu ihrem frühen Tod 1907 mietet sie ein Zimmer beim Worpsweder Bauern Brünjes: ihr Brünjes-Stübchen. Auch nach ihrer Heirat mit dem Maler Otto Modersohn bleibt dieser Raum ihr Zufluchtsort. Hier fühlt sie sich geborgen, wenn der Konflikt zwischen den Aufgaben als Ehefrau und Stiefmutter und ihrem glühenden Wunsch nach künstlerischer Selbstverwirklichung sie zu zerreißen droht. In Briefen und Tagebüchern beschreibt sie das Brünjes-Stübchen:

Ich lausche in die dunkle Ecke meiner Kammer,
Wie große, stille Augen schaut es wieder,
Wie große, weiche Hände, die mir den Scheitel streicheln.
Und Segen fließt durch jede Ader meines Seins.
Das ist der Friede, der hier bei mir wohnet.
Zur Seite brennt vertraulich mir die Lampe,
Schnurrt wie im Traum an ihrem Lied des Lebens,
Aus dem Gedämmer schimmern weiße Blumen,
Sie zittern schaudernd, denn sie ahnen Zukunft.
Mit leichtem Flügelschlag umkreist
Die Fledermaus mein Lager.
Und meine Seele schaut des Lebens Rätsel,
Zittert und schweigt und schaut.
Und neben meinem Lager surrt die Lampe
Ihr Lebenslied.

(Paula Modersohn-Becker)

Danke, liebes Bett!

Das Bett ist nur zum Schlafen da, lehren uns die Schlafforscher. Fernsehen, essen, ja sogar lesen, all diese netten Sachen drohen nämlich das Sandmännchen zu vertreiben.

Na gut, wir sehen es ja ein. Und schwören, im Falle von Schlafproblemen der reinen Lehre zu folgen.

Bis dahin aber ist es im Bett einfach zu gemütlich, als daß wir darin nur schlafen wollten. Ein Sonntagmorgen etwa, draußen pladdert der Regen gegen die Scheiben. Im Bett: ein Mensch, ein Buch, die Zeitung, eine Wärmeflasche, ein Plüschtier, eine große Packung Kekse (Krümel!!). Neben dem Bett (vorsichtshalber): eine Tasse Kakao. Himmlisch, dieses Nest!

Oder: Ein früher Montagmorgen im Hochsommer. Nachher irgendwann wird der Wecker klingeln. Doch jetzt noch nicht. Jetzt stiehlt sich erst einmal ein kleiner Sonnenstrahl durch den Gardinenspalt und taucht das Schlafzimmer in blasses Gold. Seidenweich schmiegt sich die Bettdecke an, im Rücken leistet die Matratze jedem Wirbel gehorsam Widerstand. Das Bett wird zur Insel im Meer dieses neuen Tages. Zur überschaubaren Welt, in der wir uns sicher und stark fühlen. Die Knie angezogen, die Arme darumgelegt, lauschen wir den ersten Geräuschen des Morgens und fühlen uns ganz eins mit uns. Danke, liebes Bett!

So richtig nett
ist's nur im Bett.

(Peter Alexander)

Wer nie sein Brot im Bette aß,
der weiß auch nicht,
wie Krümel pieken.

(Volksmund)

Unterwegs

Reisen ist das beste,
ja das einzige Heilmittel
gegen Kummer.

(ALFRED DE MUSSET)

Recht hat er, der französische Dichter Musset. Aufbrechen, Neues erleben und kennenlernen und schließlich ein wenig verändert wieder heimkehren – das schenkt uns eine Reise. Egal, ob sie nur zwei, drei Tage dauert und das Ziel gleich um die Ecke liegt, oder ob es gilt, ein fernes Land zu entdecken.

Obgleich wir aber im Reisen das Gewohnte verlassen, können wir doch auch hier, unterwegs, Geborgenheit erfahren. Durch die Freundlichkeit der Menschen und die Schönheit der Natur zum Beispiel. Oder durch die Gespräche mit anderen Reisenden. Unter einer Voraussetzung allerdings: Gelassenheit.

Zum Reisen gehört Geduld, Mut, guter Humor, Vergessenheit aller häuslichen Sorgen, und daß man sich durch widrige Zufälle, Schwierigkeiten, böses Wetter, schlechte Kost und dergleichen nicht niederschlagen läßt.

(Adolf Freiherr von Knigge)

Das ist auf jeden Fall wichtig. Wer sich nur ärgert, wird sich in der Fremde doppelt fremd fühlen. Aber selbst in diesem Fall gibt es einen Trost. Nämlich den, daß wir in der Erinnerung die Reise immer noch einmal machen können – und dabei ganz behaglich daheim sitzen. Weshalb es sich doch immer lohnt, von einer Reise wieder heimzukommen.

Der eigentliche und ungeschmälerte Genuß einer Reise beginnt erst in dem Augenblick, in dem wir uns ihrer als etwas Vergangenem erinnern.

(Friedrich Schiller)

Bergende Kirchenmauern

Ein Winterabend

Wenn der Schnee ans Fenster fällt,
lang die Abendglocke läutet,
vielen ist der Tisch bereitet
und das Haus ist wohlbestellt.

Mancher auf der Wanderschaft
kommt ans Tor auf dunklen Pfaden.
Golden blüht der Baum der Gnaden
aus der Erde kühlem Saft.

Wanderer, tritt still herein;
Schmerz versteinerte die Schwelle.
Da erglänzt in reiner Helle
auf dem Tische Brot und Wein.

(Georg Trakl)

Spätnachmittags in der großen Stadt. Der Verkehr tobt, die Menschen hasten, Kaufhäuser spucken Kunden aus und saugen neue ein.

Da, siehst du die große Tür? Sie wirkt schwer, und doch öffnet sie sich leicht. Tritt ein – hör die Stille. Im Dämmerlicht liegen die Bankreihen, ganz vorn schimmert ein Kreuz.

Setz dich hin, wo du möchtest – vielleicht nah an einen Pfeiler. Das Gestein strahlt beruhigende Kühle aus. Leise Orgelmusik erklingt. Sie kommt vom Band, aber was macht das? Du läßt dich von den Tönen davontragen. Fühlst dich gehalten, umfangen. Ein richtiges Gebet fällt dir jetzt nicht ein. Nur ein Wort: Frieden.

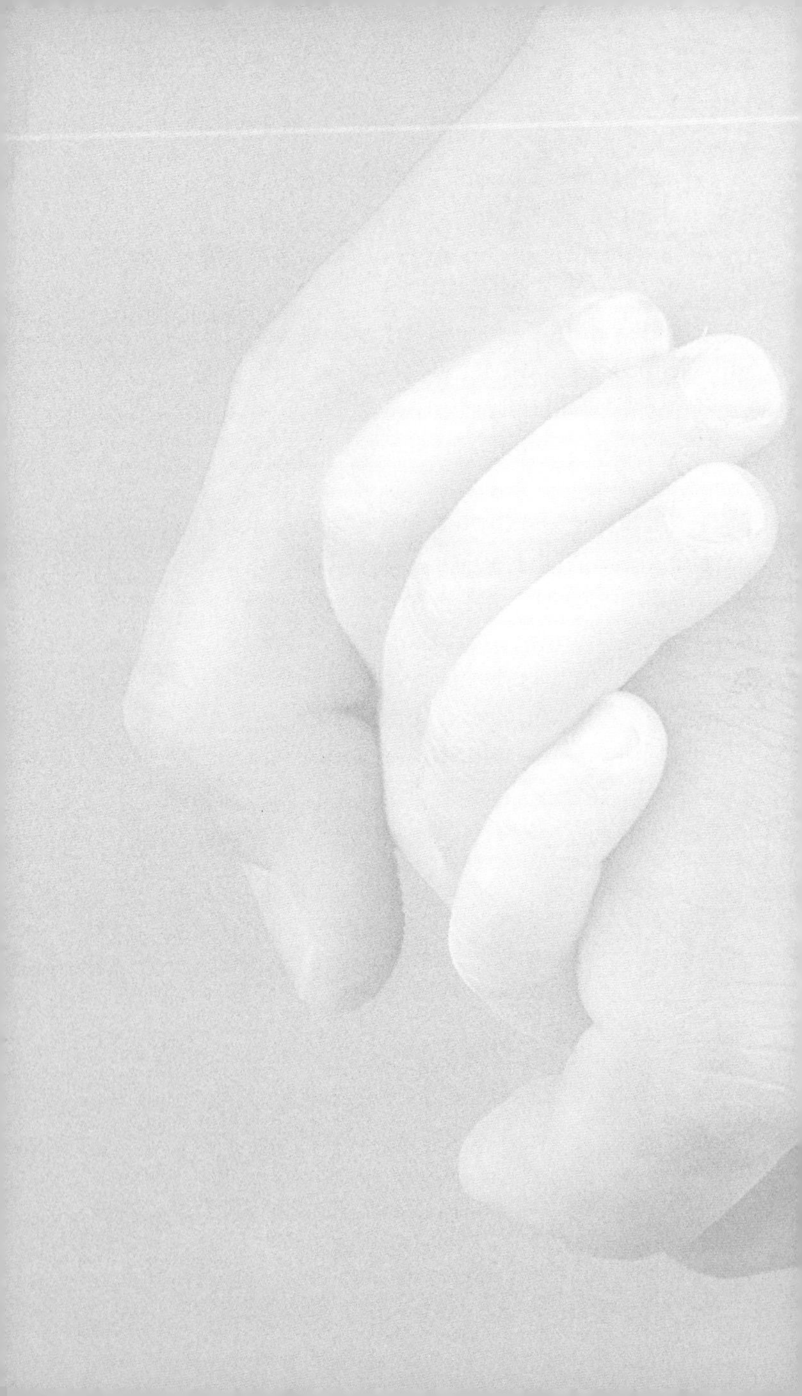

Natur

Liebt die ganze Schöpfung –
jedes Blatt und jeden Sonnenstrahl!
Wenn ihr das tut, werden sich euch die
Geheimnisse des Göttlichen offenbaren.

(Fjodor M. Dostojewski)

Mein Freund, der Baum

Einkehr

Bei einem Wirte wundermild
Da war ich jüngst zu Gaste.
Ein goldner Apfel war sein Schild
An einem langen Aste.
Es war der gute Apfelbaum,
Bei dem ich eingekehret,
Mit süßer Kost und frischem Schaum
Hat er mich wohl genähret.
Es kamen in sein grünes Haus
Viel leichtbeschwingte Gäste,
Sie sprangen frei und hielten Schmaus
Und sangen auf das Beste.
Ich fand ein Bett in süßer Ruh
Auf weichen, grünen Matten.
Der Wirt, er deckte selbst mich zu
Mit seinem kühlen Schatten.
Nun fragt ich nach der Schuldigkeit.
Da schüttelt er den Wipfel.
Gesegnet sei er allezeit
Von der Wurzel bis zum Gipfel.

(Ludwig Uhland)

Die Baumfrau war klein und zierlich. An den Füßen trug sie einen Zehenring. Mit diesen zarten Füßen war Julia Hill im Wipfel eines tausendjährigen Baumes herumgeklettert – 738 Tage lang. Der Baum in den Wäldern nördlich von San Francisco war in dieser Zeit ihr Zuhause. Sie hatte sich in seiner Krone niedergelassen, damit er nicht, wie so viele andere, gefällt werden konnte. Am Ende erreichte sie ihr Ziel.

Wenige Menschen sind so mutig. Aber wir alle wissen, welche Kraft von einem Baum ausgeht. Wie geborgen wir uns fühlen, wenn wir einen Stamm berühren oder durch seine Krone in den Himmel schauen. Bäume sind Hoffnungszeichen: Das macht sie so wertvoll für uns. Haben auch Sie einen Lieblingsbaum, der ganz in Ihrer Nähe steht und von dem Sie sich Kraft holen – und sei es nur im Augenblick des Vorübergehens?

Blumen-Geschenke

Maiglöckchen läutet in dem Tal,
das klingt so hell und fein,
so kommt zum Reigen allzumal,
ihr lieben Blümelein!

Die Blümchen, blau und gelb und weiß,
sie kommen all herbei,
Vergißmeinnicht und Ehrenpreis
und Veilchen sind dabei.

Maiglöckchen spielt zum Tanz im Nu
und alle tanzen dann.
Der Mond sieht ihnen freundlich zu,
hat seine Freude dran. (…)

Nun hält's auch mich nicht mehr zu Haus,
Maiglöckchen ruft auch mich.
Die Blümchen gehn zum Tanze aus,
zum Tanzen geh auch ich.

(Hoffmann von Fallersleben)

Blumen schenken Lebenslust. Die Augen freuen sich, die Nase auch. Schauen Sie doch einmal in einen Blütenkelch hinein: Wie schön und sinnreich hier alles angeordnet ist.

Die Dichter haben eine ganze Blumensprache entwickelt. Der Jasmin sagt: „Du bist bezaubernd." Das Maiglöckchen steht für die Unschuld, die weiße Rose für die Treue und für das wortlose Verstehen. Und die Tulpe? Lesen Sie, was Goethe zu diesem Thema meint:

Ihr werdet gescholten
von sentimentalischen Kennern.
Aber ein lustiger Sinn wünscht
auch ein lustiges Blatt.

(Johann Wolfgang von Goethe)

Der Hund ist das einzige Wesen auf Erden,
das dich mehr liebt als sich selbst.

(Josh Billings)

Mitgeschöpfe

Im Zimmer ist es ganz ruhig. Nur aus der Ecke dort hinten, nahe der Heizung, kommt leises Schnarchen. Zwei Pfoten angeln traumverloren in der Luft herum. Eine rosa Zunge schiebt sich aus einem Maul, das in diesem Moment überhaupt nicht gefährlich aussieht. Mein Hund in einem seiner schwachen Momente. So unglaublich süß, so friedlich! Ohne es zu wissen, verbreitet er soeben eine wahrhaft tierische Gemütlichkeit.

Daß wir Menschen nicht allein über diese Erde stromern, daß uns Hunde, Katzen, Vögel und Pferde und viele andere Tiere als Mitgeschöpfe zur Seite gegeben sind, ist wirklich weise eingerichtet. Die Bibel erzählt davon, daß Gott uns die Tiere anvertraut hat. Wir wissen aber auch: Diesen Auftrag erfüllen wir nur selten gut. Wir argumentieren mit Sachzwängen, mit den Gesetzen der Natur, mit „Fressen und gefressen werden“ …

Aber das alles ändert nichts an diesem Auftrag und seiner Verpflichtung. Geben wir doch den Tieren etwas von dem zurück, was sie uns schenken. Ermöglichen wir ihnen ein würdiges, schönes Leben – mit unseren Konsumgewohnheiten haben wir durchaus Einfluß darauf.

Die Welt ist kein Machwerk
und die Tiere sind kein Fabrikat
zu unserem Gebrauch.
Nicht Erbarmen, sondern Gerechtigkeit
ist man den Tieren schuldig.

(Arthur Schopenhauer)

Das Leben und dazu eine Katze,
das ergibt eine unglaubliche Summe.

(Rainer Maria Rilke)

Alles fließt

Das Wasser hat Kinder.
Das Feuer nicht.

(Sprichwort)

Ohne das Wasser gäbe es kein Leben auf dieser Erde. Wasser ist nicht nur in Flüssen, Seen und Meeren zu finden – auch Pflanzen, Tiere und wir Menschen haben diesen Stoff in uns. Wasser erhält uns am Leben.

Vielleicht zieht es uns deshalb so oft dorthin. Am Ufer eines Flusses sitzen und seinen kleinen Wellen nachschauen, das hat etwas ungeheuer Beruhigendes. Und in den Gezeiten das Kommen und Gehen des Meeres mitzuerleben, gibt eine Ahnung von der Kraft, die in der Natur steckt.

Die Flüsse sind Wege, die wandern
und die uns dahin bringen,
wohin wir wollen.

(Blaise Pascal)

Die Flüsse sind unsere Brüder,
sie löschen unseren Durst.

(Aus der Rede des
Indianerhäuptlings Seattle)

Denken Sie auch an das Aufatmen, wenn nach einem langen, heißen Tag endlich der erlösende Regen fällt. Als Kinder sind wir dann im Badeanzug hinausgelaufen und haben im Regen getanzt. Und auch den Regenbogen, dieses Versöhnungszeichen Gottes mit den Menschen, gäbe es nicht ohne die unzähligen Wassertröpfchen, in denen sich das Sonnenlicht brechen kann.

Das Beste ist das Wasser.

(Pindar)

Oh, wunderschön ist
Gottes Erde, und wert,
darauf vergnügt zu sein.

(Ludwig Christoph Heinrich Hölty)

Verläßliche Erde

Wenn der Frühling kommt, können wir ihn wieder wahrnehmen, den kräftigen Geruch der Erde. Wie treten eines Morgens aus dem Haus, schnuppern – und tatsächlich steigt aus dem noch kahlen Boden ein frischer Duft empor. Fast scheint es, als wolle die Erde die Blumen ankündigen, die sie bald hervorbringen wird.

Auch im Herbst riecht die Erde – aber viel würziger. Als enthielte sie den ganzen Sommer und seine Kräfte in sich.

Den Fuß aufsetzen, im Erdreich wühlen, sich der Länge nach hinlegen – die Erde gibt uns Halt und bleibt dabei doch bescheiden im Hintergrund. Wir vertrauen ihr ganz selbstverständlich.

Nur in der Sprache, da danken wir der Erde ihre Verläßlichkeit: „Ich bin geerdet“, sagen wir, wenn wir uns stark und sicher fühlen und dabei ganz im Hier und Jetzt sind.

Und im Gebirge, da türmt die Erde sich auf und zeigt ihre wahre Kraft. Im Angesicht der Berge werden wir oft ganz klein und unbedeutend. Da rückt sie die Maßstäbe wieder zurecht und weist uns unseren eigentlichen Platz auf der Welt zu. Und das kann auch schön sein.

Bergidylle

Auf dem Berge steht die Hütte,
Wo der alte Bergmann wohnt;
Dorten rauscht die grüne Tanne,
Und erglänzt der goldne Mond.
In der Hütte steht ein Lehnstuhl,
Ausgeschnitzelt wunderlich,
Der darauf sitzt, der ist glücklich,
Und der Glückliche bin Ich!

(Heinrich Heine)

Rhythmus der Schöpfung

Der Wechsel der Jahreszeiten, dieser Rhythmus der Schöpfung, schenkt uns seine ganz eigene Geborgenheit.

Mai

Die Kinder haben die Veilchen gepflückt,
all, all die da blühten im Mühlengraben.
Der Lenz ist da, sie wollen ihn fest
in ihren kleinen Fäusten haben.

(Theodor Storm)

Mittag

Am Waldessaume träumt die Föhre,
am Himmel weiße Wölkchen nur;
es ist so still, daß ich sie höre,
die tiefe Stille der Natur.
Rings Sonnenschein auf Wies' und Wegen,
die Wipfel stumm, kein Lüftchen wach,
und doch, es klingt, als ström' ein Regen
leis tönend auf das Blätterdach.

(Theodor Fontane)

Herbstbild

Dies ist ein Herbsttag, wie ich keinen sah!
Die Luft ist still, als atmete man kaum,
und dennoch fallen raschelnd, fern und nah,
die schönsten Früchte ab von jedem Baum.
O stört sie nicht, die Feier der Natur!
Dies ist die Lese, die sie selber hält,
denn heute löst sich von den Zweigen nur,
was vor dem milden Strahl der Sonne fällt.

(Friedrich Hebbel)

Hoffnung

Es ist ein Schnee gefallen,
hat alles Graue zugedeckt,
die Bäume nur gen Himmel nicht;
bald trinkt der Schnee das Sonnenlicht,
dann wird das alles blühen,
das unter unsern Bäumen jetzt
kaum Wurzeln streckt.

(Richard Dehmel)

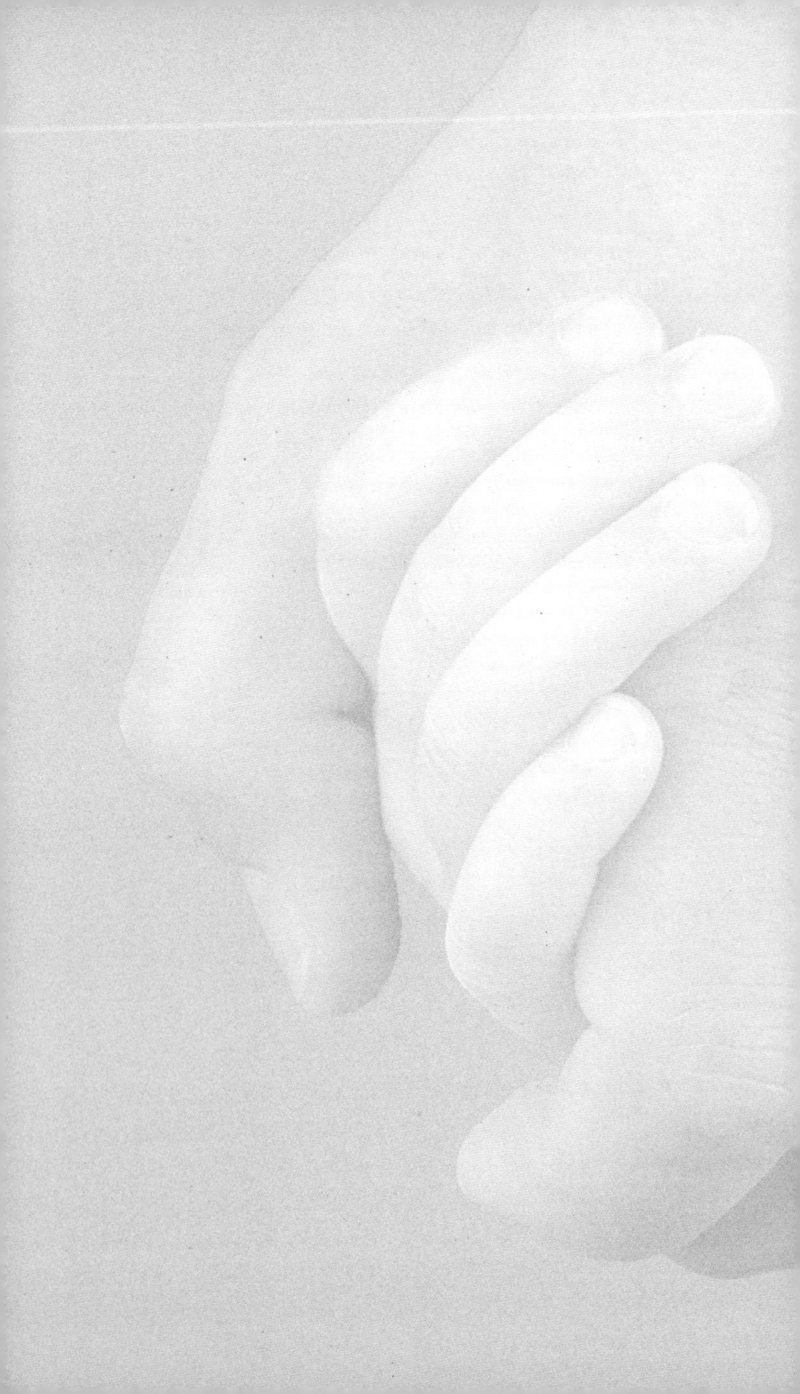

Schöne Künste

Was wir durch die Kunst erwerben,
das ist von Gott.

(Bettina von Arnim)

Vielleicht haben wir von allen Kindheitstagen
diejenigen am intensivsten durchlebt,
von denen wir glaubten,
wir hätten sie nutzlos vertan:
die nämlich, die wir mit der Lektüre
eines Lieblingsbuches verbrachten.

(Marcel Proust)

Geliebte Bücher

In Paris, am linken Ufer der Seine, liegt die Buchhandlung „Shakespeare & Company". Mit ihren alten Regalen und ihrem heimeligen Flair wirkt sie ein wenig wie ein Antiquariat oder eine Bibliothek. Im ersten Stock dieses traditionsreichen Ladens befindet sich ein kleiner Schlafsaal. Dort können Bücherliebhaber tatsächlich übernachten – den zauberischen Geruch nach Papier und Holz in der Nase. Ein himmlischer Ort, an dem es sich sicher schlafen läßt wie in Abrahams Schoß. Und wer weiß, welche Träume sich in dieser vor Geschichten nur so überquellenden Umgebung einstellen. Die einzige Gegenleistung, die der betagte Buchhändler Whitman verlangt: ein wenig in der Buchhandlung auszuhelfen, Bücher einsortieren, Regale abstauben …

Das Beispiel zeigt: Bücher können genauso heimelig sein wie ein Bett. Zwischen den Seiten versinkt die Seele und taucht ein ins Land der Phantasie. Wer Bücher liebt, weiß, welche Geborgenheit sie schenken können.

Die beiden anziehendsten Möglichkeiten
eines Schriftstellers sind es,
Neues in vertrautem Licht und Vertrautes
in einem neuen Licht zu zeigen.

(William Makepeace Thackeray)

Bücher sind kein geringer
Teil des Glücks.
Die Literatur wird meine
letzte Leidenschaft sein.

(Friedrich der Grosse)

Die Musik ist die Sprache der Engel.

(Thomas Carlyle)

Vertraute Klänge

Was für die einen ihre Bücher, ist für die anderen die Musik. In der Musik fühlt unsere Seele sich fast immer zu Hause. Nicht umsonst läßt sich der Glaube so gern von der Musik inspirieren und findet in ihr seinen Ausdruck.

Sicher kennen auch Sie es, daß eine Melodie für immer mit einem ganz bestimmten Ereignis oder einer Phase in Ihrem Leben verbunden ist, und daß stets, wenn Sie die Töne hören, die Erinnerung wieder aufsteigt.

Musik kann unser Inneres so wunderbar widerspiegeln: Freude, Überschwang, Sehnsucht, Traurigkeit, einfach alles. Und es gibt Lieder, die begleiten uns ein Leben lang. Die singen wir laut und forsch, wenn es uns gutgeht – und etwas langsamer und zwei Töne tiefer in schlechteren Zeiten. Viel bringt es auch, selbst Musik zu machen. Ob nun heimlich und verschämt in der Badewanne oder ganz selbstbewußt in einem Chor: Das Singen macht den Kopf frei. Und wer ein Instrument beherrscht, dem erschließt sich eine neue Welt – vorausgesetzt natürlich, er übt …

Abendständchen

Hör, es klagt die Flöte wieder,
Und die kühlen Brunnen rauschen,
Golden wehn die Töne nieder –
Stille, stille, laß uns lauschen.

Holdes Bitten, mild Verlangen,
Wie es süß zum Herzen spricht;
Durch die Nacht, die mich umfangen,
Blickt zu mir der Töne Licht.

(Clemens Brentano)

Der Mensch, das Augenwesen,
braucht das Bild.

(LEONARDO DA VINCI)

Bilder entdecken

Zugegeben: Für einen guten Museumsbesuch braucht es Muße und Stehvermögen sowieso. Aber dann können Bilder eine echte Entdeckung sein. Denken Sie nur an Marc Chagall: Was sich auf seinen Bildern alles findet. Ziegen hopsen durch die Luft, ein Brautpaar schwebt ganz vorn rechts, zu seinen Füßen ein winzig kleiner Geiger. Und im Hintergrund sieht man die Häuser von Witebsk, der Heimatstadt des Künstlers. Chagall hat für uns gemalt, was in seiner Seele war. Nicht zuletzt die ganze bunte Welt des Alten und auch des Neuen Testaments.

Natürlich kann man ein Bild erklären: Das Leben des Künstlers, die Epoche, alles spielt eine Rolle. Aber um es ganz zu erfassen, muß man das Bild auf sich wirken lassen. Worte reichen da nicht aus.

Niemand auf der Welt bekommt soviel dummes Zeug zu hören wie die Bilder in einem Museum.

So richtig beginnt ein Bild zu uns dann zu sprechen, wenn wir uns darin wiedererkennen. Wenn es ausdrückt, was auch wir empfinden, wenn es uns unsere Gefühle vielleicht sogar erst bewußt macht. Dann fühlen wir uns von diesem Bild verstanden, ja wir verstehen uns selbst mit Hilfe des Bildes. Und dann ist eigentlich egal, was in den Kunst-Katalogen steht.

Kunst ist die Schöpfung
parallel zur Natur.

(Paul Cézanne)

Sich finden im Tanz

Ich lobe den Tanz,
denn er befreit den Menschen
von der Schwere der Dinge,
bindet den Vereinzelten zu Gemeinschaft.

Ich lobe den Tanz,
der alles fordert und fördert:
Gesundheit und klaren Geist
und eine beschwingte Seele.

Tanz ist Verwandlung
des Raumes, der Zeit, des Menschen,
der dauernd in Gefahr ist
zu zerfallen, ganz Hirn, Wille oder Gefühl zu werden.

Der Tanz dagegen fordert den ganzen Menschen,
der in seiner Mitte verankert ist.
Der nicht besessen ist von der Begehrlichkeit
nach Menschen und Dingen und von der
Dämonie der Verlassenheit im eigenen Ich.

Der Tanz fordert den befreiten,
den schwingenden Menschen
im Gleichgewicht aller Kräfte

Ich lobe den Tanz!

Oh Mensch, lerne tanzen!
Sonst wissen die Engel
im Himmel mit dir nichts anzufangen.

(Unbekannter Meister)

Tanzend strecken wir uns aus im Koordinatensystem der Schöpfung. Mit den Füßen berühren wir die Erde, mit den Armen den Himmel. Wir sind mit uns selbst und mit allem eins. Das Tanzen ist ein Geschenk Gottes an unsere Lebensfreude. Nehmen wir es dankbar an und nutzen wir es.

Tanz ist die Poesie des Fußes.

(John Dryden)

Nichts auf der Welt ist so mächtig wie ein Impuls, dessen Zeit gekommen ist.

(Victor Hugo)

Schöpferische Freude

An Kindern läßt es sich gut beobachten: Sie sehen etwas und wollen es malen. Oder sie summen vor sich hin, eine kleine Melodie, die sie erfinden und gleich wieder vergessen. Kinder sind ohne langen Anlauf schöpferisch tätig.

Wir Erwachsene haben es da schwerer. Wir stellen Ansprüche an uns selbst, fordern Talent und Handwerk von uns. Und vergessen darüber, daß es für alles kreative Tun doch nur auf eins ankommt: Spaß daran zu haben. Etwa an dem Herumwühlen im klumpigen Ton und daran, wie er unter unseren Händen Gestalt gewinnt. Was aber muß passieren, damit wir anfangen?

Unsere Phantasie will angesprochen sein, damit wir kreativ werden. Etwas muß uns kitzeln, herausfordern. Dann machen wir uns ans Werk und hören nicht mehr auf das mäkelnde „Aber“. Und in diesem kreativen Tun fühlen wir uns dann ganz lebendig und – für Momente jedenfalls – als Teil der Schöpfung.

Bei allem was man mit ganzem Herzen tut,
sucht man nicht nach Helfern.

(Japanisches Sprichwort)

Wer sich an die Phantasie
der Menschen wendet,
wird immer den besiegen,
der auf ihren Verstand einwirken will.

(Friedrich der Grosse)

Schaffen führt zum Glauben
an einen Schöpfer

(Marie von Ebner-Eschenbach)

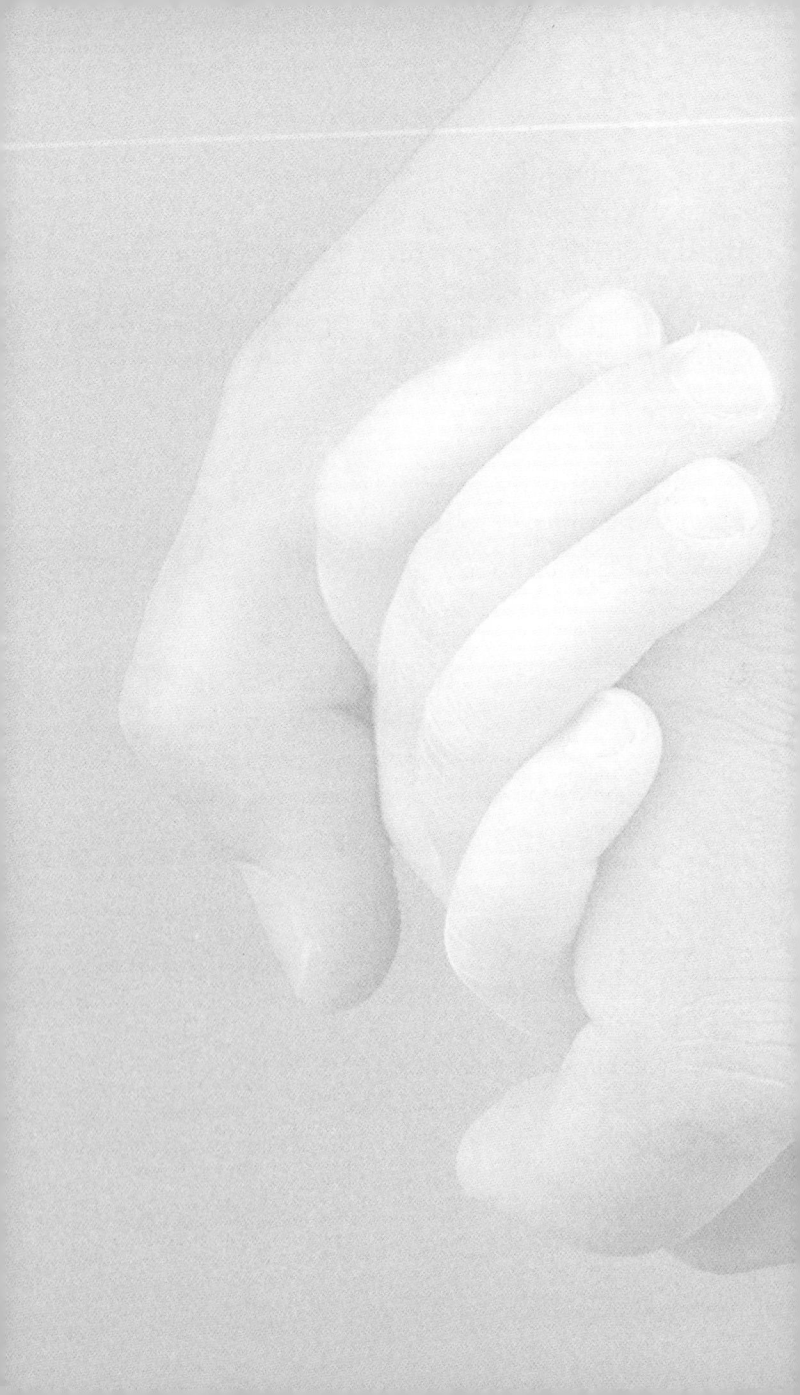

Rituale

Gewohnheit, sagt man,
führe zu Überdruß;
das ist möglich,
aber sie gibt Vertrauen.
Aufgehen im anderen Ich.

(Alfred de Musset)

*Nichts kann einem die Tür
zu sich selber besser öffnen,
als ein Spaziergang durch schlechtes Wetter.*

(Mark Twain)

Geborgen im Alltag

Morgens die Nachrichten hören, dazu die Tasse Kaffee und zwei Toast. Der Kuß zum Abschied. Im Büro: Zuerst den Computer anstellen – als Bildschirmhintergrund erscheint mein Hund bei seiner Lieblingsbeschäftigung: Dösen. Dann ist erst mal nur die Arbeit dran. Zwischendurch ein Blick in die Zeitung.

Mittags geht's in das kleine Café an der Ecke. Geplauder übers Wochenende und die Pläne dafür. Der Nachmittag fliegt mit Arbeit vorbei.

Abends dann die Tasse heißer Tee, Füße hoch und erst mal lesen. Und vor dem Schlafengehen der kurze Spaziergang zu zweit: Wie war's bei dir heute?

Rituale des Alltags. Nichts Spektakuläres. Gestern, heute und morgen immer gleich. Ich glaube, wären diese Gewohnheiten nicht, wir würden sie sofort erfinden.

Beobachten Sie mal: Was sind Ihre Rituale? Und verfolgen Sie deren Spuren durch den Verlauf Ihres Lebens. Viele bleiben sich über die Jahre hinweg gleich oder tauchen irgendwann in neuem Gewand auf. Die Teesorte wechselt, die Lektüre auch. Das Ritual bleibt.

Von wegen langweilig! Wir brauchen das Wiedererkennen in den kleinen Dingen. Ohne die Rituale würde uns etwas fehlen. Sie geben Geborgenheit, gerade weil sie immer gleich sind. Sie stärken das Vertrauen in die Beständigkeit des Lebens. Daß es weitergeht und daß Verlaß ist auf die Zukunft.

Wäre ich Narr genug,
noch an das Glück zu glauben,
so würde ich es in der
Gewohnheit suchen.

(François René de Chateaubriand)

Dies ist der andre Weg.
Geh diesen Weg;
sei sicher,
dieser führt dich heim.

(Otfried von Weissenburg)

Hier gehe ich

Schritt, Schritt, linker Fuß, rechter Fuß. Gehen. Vor mir der Weg. Ich kenne ihn. Weiß, wo er mündet. Ich kenne die Bank gleich links, das Gartentor da hinten – und halt, jetzt geht es über die Straße.

Dies ist mein Weg. Ich bin ihn unzählige Male gegangen. Zu jeder Tageszeit, manchmal auch nachts. In jeder Stimmung.

Manchmal geht er mir auf die Nerven, dieser Weg. Dann engt mich gerade das Altbekannte ein. Gibt's denn nicht mal irgend etwas Neues? Manchmal meide ich den Weg regelrecht, mache einen Umweg, nur um Abwechslung zu haben.

Dann wieder genieße ich gerade das Altvertraute. Daß ich hier blind gehen kann und doch weiß, ich komme an.

Neuerdings gehe ich den Weg nicht mehr allein. Ein Hund läuft voran und nimmt alles auf seine Weise in Besitz. Stöbert links, wühlt sich rechts ins Gebüsch. Seine Schnupperpausen zwingen mich, öfter stehenzubleiben. Ich sehe den Weg jetzt noch mal aus anderer Perspektive. Und ahne schon: Es wird wohl noch lange kein Ende haben damit.

Wege entstehen dadurch,
daß man sie geht.

(Franz Kafka)

Es ist ein Fehler bei Fußreisen,
daß man nicht oft genug rückwärts sieht,
wodurch man die schönsten Aussichten verliert.

(Johann Wolfgang von Goethe)

Alles fügt sich

Alles fügt sich und erfüllt sich, mußt es nur erwarten können
und dem Werden deines Glückes Jahr und Felder reichlich gönnen.
Bis du eines Tages jenen reifen Duft der Körner spürest
und dich aufmachst und die Ernte in die tiefen Speicher führest.

(Christian Morgenstern)

Laß dich feiern

Als Kind meinte ich, an meinem Geburtstag müßten mir alle dieses Besondere des heutigen Tages ansehen – auch die Fremden auf der Straße. Die taten das natürlich nicht. Aber die Familie und die Freunde zeigten mir durch Glückwünsche und Geschenke, wie sehr sie sich darüber freuten, daß ich da war, daß ich auf der Welt war.

Wir Erwachsenen neigen manchmal dazu, den Geburtstag als Streßfaktor zu sehen: Eine Party feiern, Leute einladen – das macht Arbeit. Und doch: Wenn schließlich alle Gäste da sind, dann ist es wie früher. Dann spüren wir die Verbundenheit. Etwas verlegen stehen wir plötzlich im Mittelpunkt, hören Glückwünsche, liebe Worte und Komplimente und fühlen uns so richtig geborgen im Kreis der Freunde.

Wenn dann die Feier vorbei ist, setzen wir uns beim Aufräumen noch mal auf den einen oder anderen Stuhl (diese vielen Stühle, die es immer braucht!), lassen noch mal alles Revue passieren, denken über die Ernte dieses Tages, dieses Jahres nach – und sind ganz eins mit uns selbst und unserem Leben.

Jeder Mensch ist eine Unmöglichkeit,
bis er geboren ist.
(Ralph Waldo Emerson)

Im Licht der Ostersonne
bekommen die
Geheimnisse der Erde
ein anderes Licht.

(Friedrich von Bodelschwingh)

Glaubensfeste

Osternacht: Im Dunkeln versammeln wir uns in der Kirche. Wir singen, beten, hören Texte und meditieren – und bei Sonnenaufgang sprechen wir uns gegenseitig die frohe Botschaft von der Auferstehung zu.

Weihnachten: In der Kirche stehen die beiden großen Christbäume mit Strohsternen und honiggelben Kerzen geschmückt. In der Christmette singen wir „O du Fröhliche" und freuen uns darüber, daß Gott in diese Welt gekommen ist.

Erntedank: Zucchini, Äpfel, Birnen, Brot und sogar ein Blumenkohl – der Altar ist vollbeladen mit Lebensmitteln. Wir feiern Erntedank und freuen uns an dem herbstlich farbenfrohen Stilleben im Altarraum.

Die Feste im Kirchenjahr. Die Messen, Eucharistiefeiern, Dankgottesdienste und Wochenschlußandachten: Sie alle sind und beinhalten Rituale, Gewohnheiten des Glaubens.

Manchmal werden diese Rituale als einengend empfunden. Dann, wenn nur noch die Form besteht und kein Inhalt mehr da ist. Dann ist ein Ritual hohl geworden.

Aber es liegt an uns, die Rituale lebendig zu erhalten. Damit sie uns schenken können, was in ihnen liegt: das Vertraute, das Gültige. „Gnade“ – das Wort klingt für moderne Ohren leicht altmodisch. Aber es sagt genau aus, was das Besondere an einem Glaubensritual ist: die Zusage, die darin steckt und auf die wir uns verlassen können.

Jeder geliebte Gegenstand
ist der Mittelpunkt eines Paradieses.

(Novalis)

Geliebte Dinge

Kennen Sie das auch? Diese Schwierigkeit, etwas wegzuwerfen, das Ihnen ans Herz gewachsen ist? Kleine Kinder lieben ja oft den ältesten, schmuddeligsten Kuschelhasen mehr als jedes andere, neue Plüschtier – und sei das noch so prächtig. Darauf hat sich mittlerweile sogar die Reinigungsbranche eingestellt und bietet von Zeit zu Zeit Extra-Waschtage für betagte Plüschtiere an. Damit die Mutter beim Anblick des zerzausten Herzensviechs im Bett ihres Kindes nicht die Krise bekommt ...

Als Erwachsene sind wir in dieser Hinsicht allein gelassen. Niemand sagt uns verständnisvoll: Klar, das alte Hemd oder dieser Pullover sieht ja grauenhaft aus – aber trag es ruhig weiter, wenn dein Herz daran hängt.

Wir ganz allein müssen so tapfer sein und Dinge entsorgen, die uns lange treu begleitet haben und die uns ans Herz gewachsen sind – oder wir müssen einen guten Ort dafür finden.

Das betrifft nicht nur Klamotten. Da ist die schauderhafte Tasse, ein Souvenir, und angeschlagen ist sie auch schon. Aber seit Ewigkeiten trinken wir den Kaffee daraus. Wegschmeißen? Niemals! Nicht, bis nicht wenigstens der Henkel abgebrochen ist (und der bricht garantiert nicht ab!).

Wer genug Platz daheim hat, der kann all diese geliebten, verbrauchten Dinge in einer Reliquienkiste verstauen. Von Zeit zu Zeit schaut man sich den Inhalt wieder an – und sieht vielleicht, wovon man sich jetzt auch innerlich wirklich verabschieden will. Die anderen Sachen aber, die behält man eben noch ein Weilchen. Die fressen jetzt ihr Gnadenbrot. Warum auch nicht?

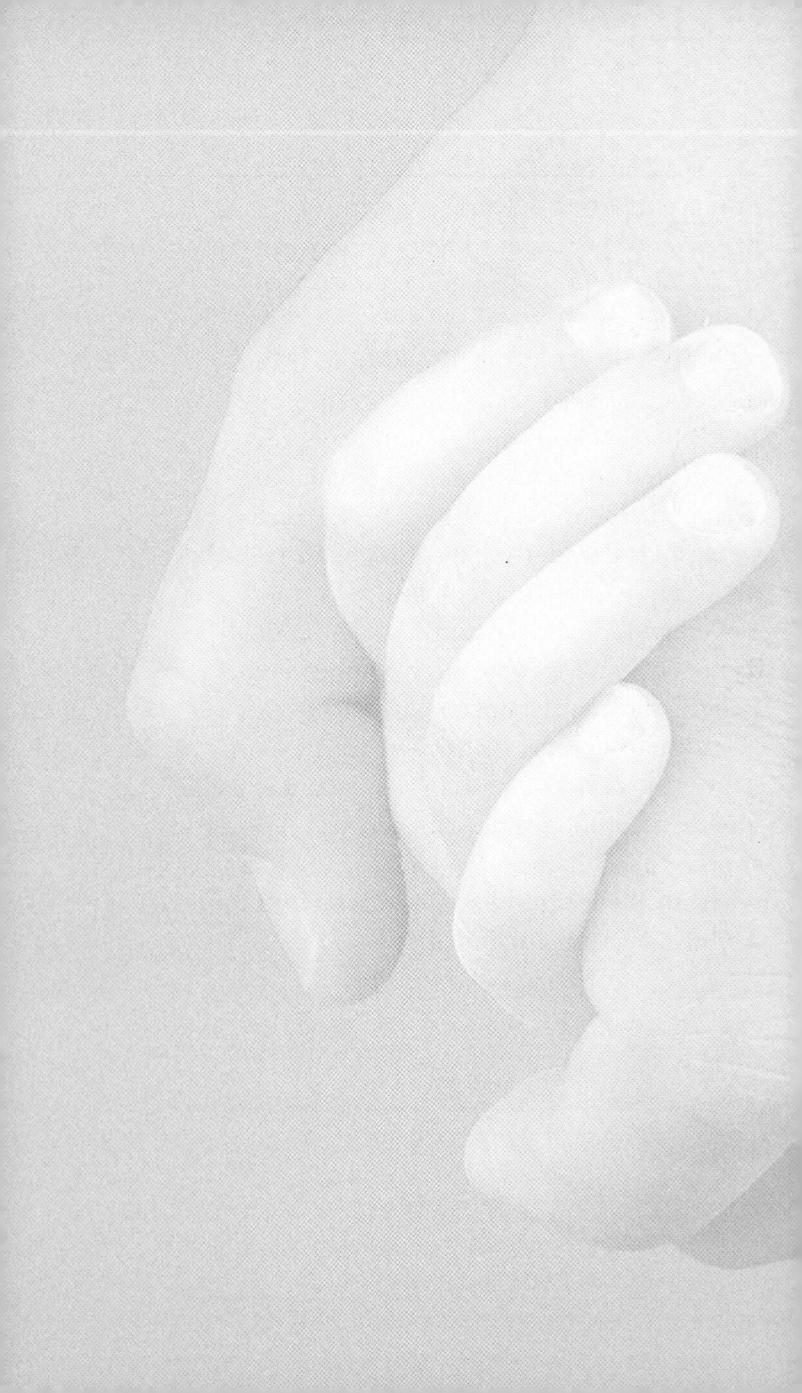

Erinnerungsräume

Die Erinnerung ist das
einzige Paradies,
aus dem wir nicht
vertrieben werden können.

(Jean Paul)

Unsere Arme und Beine sind voll von schlummernden Erinnerungen.

(Marcel Proust)

Körper-Gedächtnis

Jemand geht auf der Straße an Ihnen vorbei. Für Sekunden hängt ein Parfüm in der Luft, dessen Note Sie an etwas erinnert. Aber an was nur?

Oder Sie besuchen wieder einmal Ihre alte Schule. Und während Sie den Geruch nach Holz, Linoleum und Schweiß schnuppern, steigen Bilder hoch, und Sie sehen sich selbst als Schulkind, hören das fröhliche Pausengeschrei von einst, denken an die Spiele auf dem Schulhof oder spüren vielleicht aufs neue die Beklommenheit vor einer gefürchteten Unterrichtsstunde.

Unser Körper, die Sinnesorgane vor allem sind verläßliche Führer, wenn es darum geht, die eigene Vergangenheit wiederzuentdecken. Augen, Ohren, Nase und Tastsinn haben ihre eigene Sicherheit, an welche diejenige des Gehirns meist nicht heranreicht. Es kann sehr schön sein, sich diesen Führern zu überlassen und auf diese Weise in die Erinnerungen einzutauchen. Und merkwürdig: Meist sind es die nie beachteten Nebensächlichkeiten, die nun, so viele Jahre später, zum Schlüssel für diese versunkene Welt werden.

Daher lebt der beste Teil unseres
Gedächtnisses außerhalb von uns,
in dem feuchten Hauch eines Regentages,
dem Geruch eines ungelüfteten Raums
oder dem Geruch eines eben entzündeten,
aufflammenden Feuers, das heißt überall da,
wo wir von uns aus selbst das wiederfinden,
was unser Verstand als unverwendbar
abgelehnt hatte, die letzte Reserve, die beste,
die Vergangenheit.

(Marcel Proust)

Leuchtende Tage,
weine nicht,
daß sie vorbei sind,
sei glücklich, daß sie gewesen.
(Rabindranath Tagore)

Nichts geht verloren

„Was wir in der Fülle unseres vergangenen Lebens, in dessen Erlebnisfülle verwirklicht haben, diesen inneren Reichtum kann uns nichts und niemand mehr nehmen. Aber nicht nur, was wir erlebt, auch das, was wir getan, das, was wir Großes je gedacht und das, was wir gelitten (...) all das haben wir hineingerettet in die Wirklichkeit, ein für allemal. Und mag es auch vergangen sein – eben in der Vergangenheit ist es für alle Ewigkeit gesichert! Denn Vergangensein ist auch noch eine Art von Sein, ja vielleicht die sicherste." Diese Worte stammen von Viktor Frankl, dem gläubigen Arzt und Begründer der Logotherapie. Alles Handeln und Erleben, so sagt Frankl, geht ein in das große Ganze der Ewigkeit und ist deshalb nicht verloren, sondern geborgen. Es ist wichtig, sich das immer wieder klarzumachen: Was vorbei ist, verliert nicht dadurch an Wert, daß es vorbei ist. Es behält seinen Wert, weil es einmal Wirklichkeit gewesen ist – weil es einmal existiert hat.

„Alles umsonst" – dieser Seufzer beispielsweise, mit dem manchmal Liebesgeschichten beendet werden, stimmt deshalb auch nicht. Denn die Zeit, die diese beiden Menschen miteinander hatten, kann nicht ungeschehen gemacht werden. Obgleich sie sich jetzt trennen.

Je älter man wird, desto lohnenswerter ist es, sich das eigene Leben unter diesem Gesichtspunkt anzusehen: Was habe ich in all den Jahren nicht schon alles zu dieser ganzen großen Ewigkeit beigetragen. Nichts davon ist verloren.

Treue Zeugen

Was wären Erinnerungen, wenn sie sich nur im Kopf abspielten? Nein, es braucht auch etwas Sicht- und Greifbares, um die Vergangenheit wieder lebendig werden zu lassen. Blättern Sie doch mal in Ihren Fotoalben oder wühlen Sie die Kiste mit den Schnappschüssen durch. Sie enthalten so vieles, was sich schon aus dem Gedächtnis verabschiedet hatte. Beim Betrachten ist es wieder da.

Ein Foto ist ein aufbewahrter Blick.

(Sprichwort)

Ähnlich geht es uns mit Briefen. Sie erzählen zum Beispiel die Geschichte einer Freundschaft, einer Liebe, einer Reise – manchmal entsteht in Briefen ein ganzes Leben. Nicht umsonst gehören Briefe berühmter Menschen zu den beliebtesten Lesestoffen.

Was ist ein Brief –
ein Stück Papier,
das man zerreißt, zerknittert,
aber auch als Schatz bewahrt,
vergilbt schon und verwittert.
(Ludwig Heinrich Christoph Hölty)

Manche Menschen schreiben täglich an sich selbst: in ein Tagebuch. So ein Büchlein hilft dabei, sich über sich selbst klarzuwerden. Jahre später dann ist das Tagebuch wie ein treuer Freund, der einem die eigene Geschichte wieder erzählt – ganz so, wie man sie einst selbst erlebt hat.

Wir werden uns in diesem unruhigen Leben
so selten unsrer selbst bewußt –
die Gedanken und die Empfindungen
verhallen wie ein Flötenton im Orkane –
das alles kann ein Tagebuch verhüten.
(Heinrich von Kleist)

Liebe

Liebe ist nur ein Wort,
aber sie trägt alles, was wir haben.
Ohne sie wäre die Welt leer!

(Oscar Wilde)

Keine wahre und dauernde Liebe
kann ohne Achtung bestehen;
jede andere zieht Reue nach sich
und ist einer edlen Sache unwürdig.

(Johann Gottlieb Fichte)

Angenommen sein

Es gehört zu den größten Geschenken, die die Liebe uns machen kann: daß wir uns von einem anderen Menschen angenommen fühlen. Freilich: In der ersten Verliebtheit zeigt jeder noch gern seine „Schokoladenseite". Und der andere erscheint als Erfüllung der eigenen geheimsten Wünsche. Je besser wir den anderen mit der Zeit dann aber kennenlernen und uns umgekehrt für ihn öffnen, desto mehr kann diese echte, innige Vertrautheit entstehen, die uns spüren läßt: Hier bin ich angenommen, hier kann ich wirklich so sein, wie ich bin.

Das Schöne ist, daß dieses Gefühl nicht für Liebesbeziehungen reserviert bleibt. Auch die Liebe guter Freunde oder Freundinnen, die

Liebe der Eltern oder der Kinder kann uns dieses Angenommensein schenken.

Wer solch ein Geschenk erlebt, sollte vorsichtig damit umgehen. „Ich darf so sein, wie ich bin“ heißt ja nicht „Der andere muß alles aushalten“. Einander ohne Maske begegnen, aber mit Respekt – mit so viel Respekt, wie man ihn auch einem Fremden entgegenbringen würde – das ist die richtige Mischung.

Einen Menschen wissen,
der dich ganz versteht,
der in Bitternissen
immer zu dir steht,
der auch deine Schwächen
liebt, weil du bist sein;
dann mag alles brechen,
du bist nie allein.

(Marie von Ebner-Eschenbach)

Verschmelzen

Ginkgo-biloba:
Dieses Baumes Blatt,
der von Osten
einem Garten anvertraut,
gibt geheimen Sinn zu kosten,
wie's den Wissenden erbaut.
Ist es ein lebendig Wesen,
das sich in sich selbst getrennt?
Sind es zwei, die sich erlesen,
daß man sie als eines kennt?
Solche Frage zu erwidern,
fand ich wohl den rechten Sinn.
Fühlst du nicht an meinen Liedern,
daß ich eins und doppelt bin?

(Johann Wolfgang von Goethe)

Das Gedicht vom Ginkgo-Blatt entstand, nachdem Goethe seiner späten Liebe Marianne von Willemer an einem solchen Blatt im Heidelberger Schloßgarten das Geheimnis des Eins- und Doppeltseins in der Liebe erklärt hatte: Dieses merkwürdig geteilte Blatt nahm der Dichter als Symbol dafür, daß Liebende untrennbar miteinander verschmolzen sind und gleichzeitig doch jeder der beiden eine selbständige Persönlichkeit ist.

„Eins und doppelt sein" – ineinander aufgehen und dann doch wieder die Grenzen zwischen den beiden Körpern spüren – das ist das ewige Wechselspiel der Liebe. Immer nur Einssein, das ist wie immer Schokoladentorte. Zwischendurch muß es auch mal das kräftige Schwarzbrot der Eigenständigkeit sein. Um es dann so richtig zu genießen, einander wieder in die Arme zu sinken.

In notwendigen Dingen: Einheit.
In fraglichen Dingen: Freiheit.
In allen Dingen: Liebe.
(Aurelius Augustinus)

Gott ist nahe,
wo die Menschen
einander Liebe zeigen.

(Johann Heinrich Pestalozzi)

Geben und Empfangen

Die Liebe lebt vom Wechselspiel aus Geben und Empfangen. Paarberater und Psychologen haben dabei eine einfache, aber um so wirkungsvollere Regel entdeckt: Geben Sie immer ein bißchen mehr, als Sie bekommen haben. Wenn beide Partner das tun, dann wächst auf diese Weise die gegenseitige Verbundenheit wie von selbst.

Doch es ist in der Liebe auch wichtig, etwas annehmen zu können, ohne sich dabei in der Schuld des anderen zu fühlen. Denn das Geben und Nehmen sollte ohne Aufrechnung erfolgen. Die kleine Überraschung, die Zuwendung, die sich nicht in materiellen Dingen äußert – all das sind Geschenke, die Liebende einander ohne Zwang, nur aus dem

Überfluß des Herzens machen. Weil, wer gibt, in der Freude des Empfangenden selbst etwas zurückerhält.

Dem nur blühet wahres Glück,
den auf seinem Pfade Freundschaft leitet.
Was es seinen Lieblingen bereitet,
gab dir alles das Geschick.
Eins nur ist zu geben mir geblieben,
und dies einzige biet ich dir an:
Eine Seele, die dich innig lieben
und dir Freundschaft geben kann.

(Franz Grillparzer)

Laß mich in deinem stillen Auge ruhen,
Dein Auge ist der stillste Fleck auf Erden.
Es liegt sich gut in deinem dunklen Blick,
Dein Blick ist gütig wie der weiche Abend.
Vom dunkeln Horizont der Erde
Ist nur ein Schritt hinüber in den Himmel,
In deinem Auge endet meine Erde.

(Max Dauthendey)

Der Steig war steil,
doch wagten wir's gemeinsam …
Und heut noch helfen wir uns,
Hand in Hand.

(Christian Morgenstern)

Der gemeinsame Weg

Zur Geborgenheit in der Liebe gehört es, gemeinsam unterwegs zu sein, einen Weg zurückzulegen. Nicht immer sind beide sich einig, welches der nächste Schritt sein soll, und auch was das Ziel betrifft, kann es zuweilen unterschiedliche Vorstellungen geben. Doch letztlich findet man sich immer wieder, spricht sich aus, korrigiert den gemeinsamen Kurs oder legt auch mal einen neuen fest. Und so, im ständigen Austausch, geht man vorwärts.

Diese Erfahrung des gemeinsamen Weges verbindet ebenso sehr, wie gemeinsame Interessen und Ziele es tun. Die bislang zurückgelegte Strecke zu betrachten und sich darüber zu freuen, welche Hindernisse man schon gemeinsam überwunden hat, stärkt die Liebe. Jedoch darf die zurückgelegte Wegstrecke nicht zum alleinigen Selbstzweck werden. Immer sollten auch noch künftige Ziele und Aufgaben da sein, welche die Richtung angeben, beispielsweise die Verantwortung füreinander oder für jemand Dritten. Ausschließlich um der Vergangenheit willen an einer unglücklichen Gegenwart zu leiden, das kann nicht der Sinn der Liebe sein.

Segelfahrt

Nun sänftigt sich die Seele wieder
und atmet mit dem blauen Tag,
und durch die auferstandnen Glieder
pocht frischen Bluts erstarkter Schlag.
Wir sitzen plaudernd Seit an Seite
und fühlen unser Herz vereint;
gewaltig strebt das Boot ins Weite,
und wir, wir ahnen, was es meint.

(Christian Morgenstern)

Genuß

Ich bete einfache Genüsse an.
Sie sind die letzte Zuflucht
komplizierter Menschen.

(Oscar Wilde)

Jedes Ding wird
mit mehr Genuß erjagt
als genossen.

(William Shakespeare)

Vorfreude

Der Volksmund weiß es wieder mal am besten: „Vorfreude ist die schönste Freude." Gut, vielleicht hat er nicht immer Recht – manchmal übertrifft das Ereignis sicher noch die Vorfreude darauf. Aber der Spruch macht zumindest auf eines aufmerksam: Auch die Vorfreude ist es wert, daß wir sie genießen. Daß wir schwelgen in Vorstellungen, uns Einzelheiten ausmalen, daß uns – bildlich gesprochen oder auch ganz wortwörtlich – das Wasser im Mund zusammenläuft, wenn wir an das Erwartete denken.

Der Vorfreude steht nur manchmal eine gewisse Vorsicht im Wege: „Wer weiß, wie es wird, freu dich nicht zu früh", raunt die warnende Stimme im Hinterkopf und mahnt zu mehr Realismus. Aber: Selbst wenn die Dinge nicht so eintreffen, wie wir sie uns ausgemalt haben – dann hatten wir immerhin die Vorfreude darauf.

Nur wenn wir die Vorfreude als ständiges Fluchtgefährt aus der Gegenwart mißbrauchen, schadet sie uns. Weil wir uns durch eine derartige Flucht selbst daran hindern, die Dinge jetzt und hier zum Guten zu verändern.

Besser ist es, wir betrachten die Vorfreude als Führerin, als Wegweiser hin zu dem schönen Ereignis. Lassen wir uns von ihr inspirieren wie von einer schönen Geschichte, die uns das Leben selbst erzählen will.

… und ich habe mich so gefreut,
sagst du vorwurfsvoll,
wenn dir eine Hoffnung zerstört wurde.
Du hast dich gefreut – ist das nichts?
(Marie von Ebner-Eschenbach)

Der Mensch ist eine Sonne,
seine Sinne sind die Planeten.

(NOVALIS)

Die Sinne spüren

So wie die Sonne von ihren Planeten umgeben ist, so umgeben uns unsere Sinne. Sie sind unser Fenster zur Außenwelt, durch sie spüren, hören, sehen, riechen und schmekken wir – durch sie erleben wir die Welt.

Manche Sinne sind besser entwickelt als andere. Die meisten Menschen verlassen sich zum Beispiel mehr auf die Augen als auf die Ohren. Ganz unbewußt geschieht das – wir haben es eben so gelernt. Umgekehrt: Wenn der Gesichtssinn plötzlich ausfällt, dann schärfen auf einmal die Ohren ihre Wahrnehmungskraft.

Martin Luther hat den Ohren große Bedeutung beigemessen. Durch sie, so sagte er, dringt das Wort Gottes in unsere Herzen. Das Hören bedeutete für ihn eine Vorstufe des Glaubens.

Unsere Sinne sind das Geschenk Gottes an uns, das uns erlaubt, uns in der Welt zurechtzufinden und uns darin sicher fühlen. Sie ermöglichen es, daß wir die Welt in ihrer ganzen Vielfalt wahrnehmen und genießen können. Kein Sinn ist wie der andere, alle sind sie unverzichtbar. Gut, wenn wir uns auf unsere Sinne verlassen und annehmen, was sie uns schenken wollen.

Die Augen sind die Fenster der Seele.

(Hildegard von Bingen)

Das Ohr ist der Weg zum Herzen.

(Aus Frankreich)

Duft ist ein Wispern,
das die Nase hört.

(Sprichwort)

Frage nicht, was das Geschick
morgen will beschließen;
Unser ist der Augenblick,
laß uns den genießen.

(Friedrich Rückert)

Sich verwöhnen

Das Wort „Verwöhnen“ hat für manche Menschen nach wie vor einen negativen Beigeschmack: Behauptet man von einem Kind, es sei verwöhnt, ist das nicht gerade ein Kompliment.

Und doch sagen heute auch immer mehr Erwachsene: „Jetzt will ich mich mal so richtig verwöhnen.“ Und dann meint verwöhnen nicht nur einfach, sich selbst etwas Gutes zu tun. Sondern auch: sich diesen Genuß ohne einen Gedanken daran zu schenken, ob das jetzt wohl vernünftig und angemessen ist. Es meint, sich selbst etwas Gutes zu tun und dabei keine Angst vor Übertreibungen zu haben.

Dieses neue Sich-selbst-Verwöhnen hängt vielleicht damit zusammen, daß heute auch die Erwachsenen das Kind wieder mehr beachten, das sie doch immer noch in sich tragen. Psychologen sprechen ja sogar vom „inneren Kind". Egal, wie alt wir sind – in uns lebt immer noch das Kind, das wir einmal gewesen sind. Und das hat seine eigenen Bedürfnisse, die ernstgenommen werden wollen.

Sich selbst zu verwöhnen heißt nicht zuletzt, diese Bedürfnisse zu befriedigen. Der Erwachsene tut seinem inneren Kind etwas Gutes und damit sich selbst auch als der, der er heute ist. Wer sich selbst verwöhnt, der ist – für diesen Moment wenigstens – mit sich in Einklang. Der schenkt sich selbst Geborgenheit. Gut, wenn wir uns dieses kostbare Geschenk von Zeit zu Zeit selbst machen.

Laß mich ein Kind sein,
sei es mit.

(Friedrich Schiller)

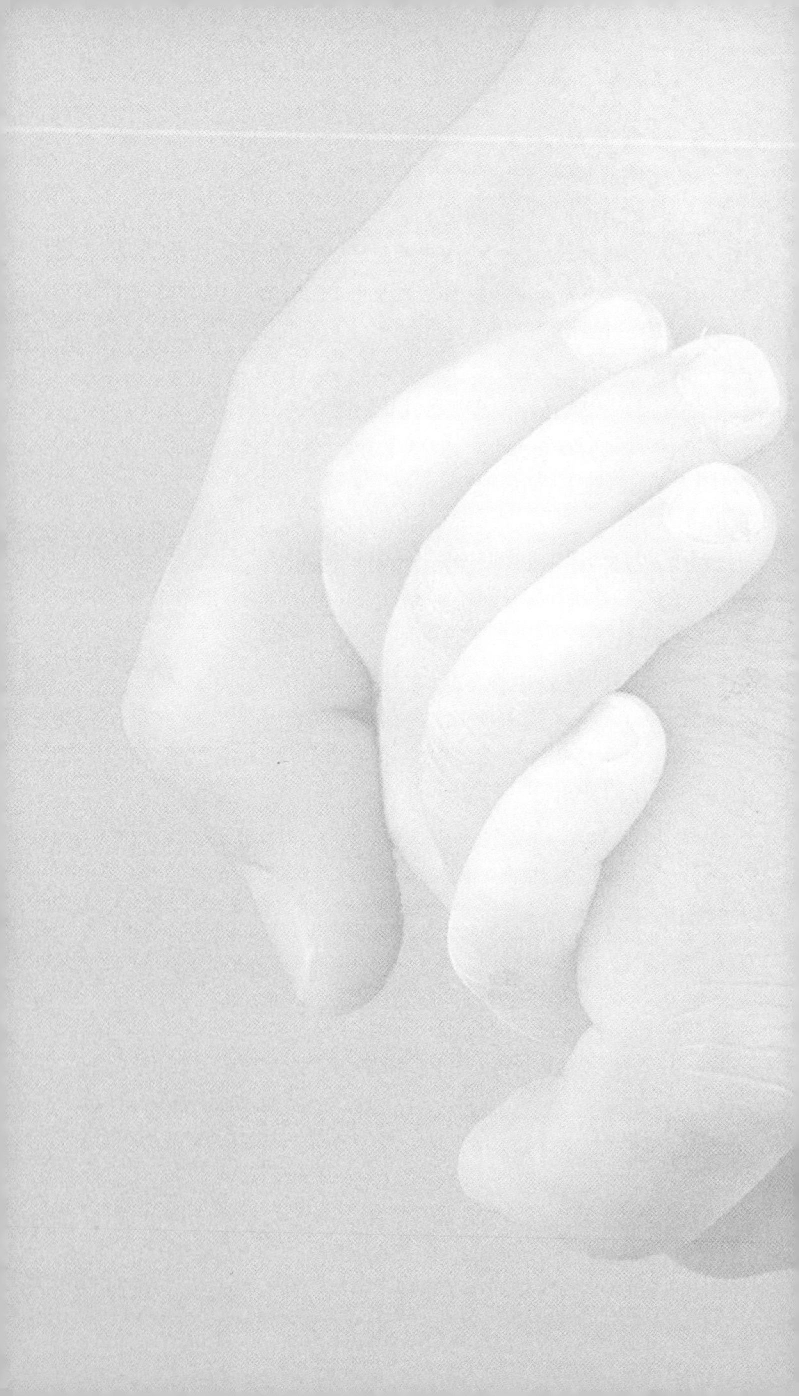

Arbeit

Heimisch in der Welt wird man
nur durch Arbeit.
Wer nicht arbeitet,
ist heimatlos.

(Berthold Auerbach)

Tätigkeit ist der wahre Genuß
des Lebens – ja das Leben selbst.

(Friedrich von Schlegel)

Flow

Der Mann hat einen unaussprechlichen Namen, doch das, was er erfunden hat, heißt ganz einfach: „Flow“! So nennt der Psychologe Mihaly Csikszentmihalyi den Zustand, in dem wir uns befinden, wenn wir in einer Tätigkeit völlig aufgehen. Sei es bei bezahlter Arbeit, ehrenamtlicher Tätigkeit oder einem Hobby: Flow erkennt man daran, daß wir bei unserem Tun uns selbst und die Zeit komplett vergessen. Wir sind ganz in unser Werk versunken. Wir merken nicht einmal, daß wir im Flow sind! Tauchen wir dann wieder auf, so fühlen wir uns super. Ein wenig erschöpft vielleicht, aber erfrischt. Und zufrieden vor allen Dingen!

Flow sorgt dafür, daß wir in unserer Arbeit Geborgenheit erfahren. Damit das passiert, braucht es jedoch ein paar Voraussetzungen: Unsere Arbeit muß einen Sinn für uns haben und wir dürfen von ihr nicht überfordert sein, aber auch nicht unterfordert. Und wir sollten das Ergebnis sehen, damit wir uns daran freuen können. Flow hat immer auch etwas mit Kreativität zu tun.

Wenn Sie zu denen gehören, deren Erwerbsarbeit Flow-Momente zuläßt – um so besser. Doch viele Menschen müssen ihren Job hauptsächlich wegen des Geldes machen und können sich ihre Tätigkeit nicht aussuchen. Und viele haben auch gar keine Arbeitsstelle. Weil Flow-Erlebnisse aber so wichtig sind, sollte man selbst dann versuchen, sich diese Erfüllung zu holen. In einer ehrenamtlichen Tätigkeit vielleicht. Oder in einem Hobby.

Eine Stunde konzentrierter Arbeit hilft mehr,
deine Lebensfreude anzufachen, deine
Schwermut zu überwinden und dein Schiff
wieder flottzumachen,
als ein Monat dumpfen Brütens.

(Benjamin Franklin)

Etwas lernen und mit der Zeit
darin immer geübter werden,
ist das nicht auch eine Freude?

(Konfuzius)

Lernen

„Nicht für die Schule, sondern für das Leben lernen wir“, soll der römische Philosoph Seneca gesagt haben. Stimmt aber nicht! Er hat genau das Gegenteil gesagt – und das natürlich ironisch gemeint, als Kritik am Schulsystem seiner Zeit. Bis heute hat er damit den Schülern sicherlich aus dem Herzen gesprochen.

Wer die Schule dann erst einmal hinter sich hat, freut sich, nichts mehr pauken zu müssen. Doch bald zeigt sich: Das mit dem Lernen hört trotzdem nicht auf, im Arbeitsleben schon gar nicht. Lernen müssen und tun wir ein Leben lang. Auch wenn unser Wissen nicht mehr in Klassenarbeiten abgefragt wird.

Und: Lernen müssen wir nicht nur, wir wollen es auch. Es ist ein menschliches Bedürfnis. Warum gäbe es sonst Volkshochschulen und andere Einrichtungen, in denen erwachsene Leute sich zum Beispiel mit Englisch beschäftigen, obgleich sie es als Schüler vielleicht nicht mochten? Und warum macht es Spaß, im Beruf eine Stufe weiterzukommen, eine neue, anspruchsvollere Aufgabe übertragen zu bekommen?

Lernen macht Spaß, wenn es nicht mehr mit Zwang und Noten verbunden ist. Wenn es mehr darum geht, etwas Neues kennenzulernen, immer mehr Übung darin zu bekommen, Routine gar – und dann, darauf aufbauend, wieder noch weiter zu kommen. Das ist wie im Fitneßstudio: Am Anfang hat man Muskelkater, und schon bald trainiert man mit schwereren Gewichten. Richten wir uns im Lernen ein, freuen wir uns an den Entdeckungen und am Weiterkommen.

Erfolg hat nur, wer etwas tut,
während er auf den Erfolg wartet.

(THOMAS ALVA EDISON)

Erfolge

Sie haben sich für eine Sache eingesetzt, haben Kraft investiert – und es hat geklappt. Sie haben Ihr Ziel erreicht, der Erfolg gibt Ihnen Recht. Ein wunderbares Gefühl, das wohl jeder schon auf irgendeinem Gebiet erlebt hat, beispielsweise im Beruf oder im Sport.

Der Moment, in dem der Erfolg offenkundig wird, ist wunderbar. Kosten Sie ihn ganz tief aus und versuchen Sie, dieses Gefühl zu speichern. Dieses Glück, den Stolz und vielleicht auch die Dankbarkeit dafür, daß Sie es geschafft haben.

Doch auch über den Moment hinaus kann das Erfolgserlebnis für Sie bedeutsam sein. Zum Beispiel in der nächsten schwierigen Situation. Solche Situationen haben es ja an sich, daß man sich manchmal ganz allein fühlt. Und nun kommen Ihre Erfolge zum Einsatz: Stellen Sie sich vor, alle Ihre Erfolge, die Sie jemals im Leben hatten, versammeln sich hinter Ihnen wie eine Mannschaft. Da stehen sie, jeder sieht ein bißchen anders aus – insgesamt eine richtig gute Truppe. Sie kann sich sehen lassen. Und nun fangen die alle an, Sie anzufeuern. Wie bei einem Fußballspiel. „Jawohl, du schaffst es", ruft der eine, der ganz links steht. „Wir sind bei dir", kommt es aus der rechten Ecke. Und alle winken Ihnen aufmunternd zu.

Man tut, was man kann
und legt sich dann schlafen.
Und auf diese Weise geschieht es,
daß man eines Tages etwas geleistet hat.

(Paula Modersohn-Becker)

Das Echteste an jedem Menschen
sind seine Fehler.

(MICHELANGELO)

Nobody is perfect

Ist Ihnen auch schon einmal aufgefallen, wie charmant eine Unregelmäßigkeit aussehen kann? Zum Beispiel, wenn zwei Schneidezähne nicht ganz korrekt nebeneinander stehen, sondern der eine sich so ein bißchen über den anderen schiebt. Dieser kleine Schönheitsfehler gibt dem Lächeln etwas Lebendiges, Unverwechselbares. So weigerte sich die Schauspielerin Isabella Rossellini während ihrer Zeit als Kosmetik-Model irgendwann auch, eine abgebrochene Zahnecke mit Wachs zu kaschieren.

In der Arbeit sieht es freilich etwas anders aus. Fehler, auch kleine, gelten hier nicht als charmant, sondern mindestens als störend. Aber der Blick auf die Welt der Schönheit sollte uns doch zeigen: Fehler gehören zum

Menschen nun mal dazu. Sie sind ein Teil seiner Persönlichkeit – und oft sogar die Kehrseite einer anderen guten Eigenschaft. Nach dem Motto „Wo Licht ist, da ist auch Schatten."

Außerdem sind Fehler wichtig, um Erfahrungen zu sammeln. Stehen wir also zu unseren Fehlern. Versuchen wir, wenn es sinnvoll ist, sie zu korrigieren. Aber grämen wir uns nicht wegen ihnen. Niemand ist perfekt – darin sind alle Menschen gleich. Und das sollte uns mit unseren dunklen Stellen aussöhnen.

Der schlimmste aller Fehler ist,
sich keines solchen bewußt zu sein.

(Thomas Carlyle)

Solange der Fuhrmann
nicht umgeworfen hat,
versteht er das Fahren nicht.

(Deutsches Sprichwort)

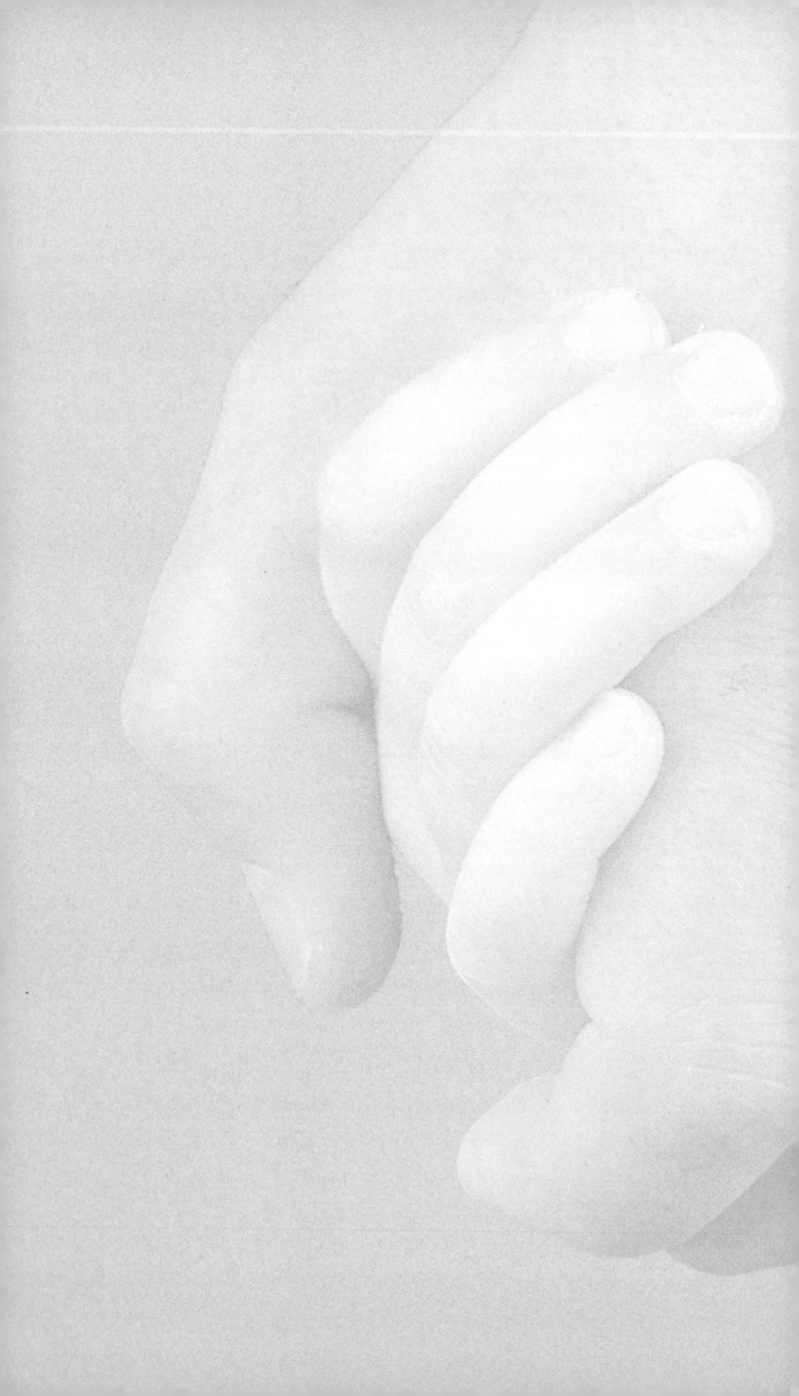

Werte

Man kann nie glücklich werden,
wenn sich das, woran man glaubt,
nicht mit dem deckt, was man tut.

(Ralph Waldo Emerson)

Die Werte, an die ein Mensch sich hält, die halten ihn.

(Unbekannt)

Das ist mir wichtig

„Anything goes" – alles ist erlaubt. Bis vor wenigen Jahren versprach dieses Motto Freiheit im Denken und Handeln. Es spiegelte aber auch Ratlosigkeit wider: Woran sollen wir uns noch halten, wenn alles beliebig ist und nicht mehr erkennbar, was nun richtig ist und was falsch? So ist denn auch in letzter Zeit eine Rückbesinnung zu beobachten: Wir fragen wieder nach Werten, nach dem, was gültig ist und was uns leiten kann.

Freilich gibt es darauf keine allgemein verbindlichen Antworten mehr wie noch in früheren Jahrhunderten. Die Gedanken sind frei. Und diese Freiheit bedeutet zugleich eine Verantwortung. Wir selbst müssen nun die Wahl treffen, müssen uns für oder gegen etwas entscheiden.

Natürlich gibt es Hilfen dabei. Die Zehn Gebote und das Grundgesetz zum Beispiel stecken den Rahmen ab, in dem wir uns bewegen. Aber in diesem Rahmen haben wir viel persönlichen Spielraum. Wir können und müssen abwägen, was uns wichtig ist und wofür wir uns einsetzen. Das fängt im Kleinen an, etwa beim Einkaufen. Greife ich zu fair gehandelten Produkten oder nicht? Wie sehr achte ich auf die Umwelt und nehme dafür Unbequemlichkeiten in Kauf? Will ich mich für etwas engagieren?

Das alles hört sich eher ernst und anstrengend an. Aber wer sich auf diese Fragen einläßt und versucht, für sich Antworten zu finden und nach ihnen zu leben, der entdeckt: Das, was ich für wertvoll erachte, verleiht umgekehrt auch mir selbst einen Wert. Das Koordinatensystem meiner Überzeugungen gibt mir Halt und Geborgenheit in dieser Welt.

Das ganze Meer verändert sich,
wenn ein Stein hineingeworfen wird.

(Blaise Pascal)

Etwas bewirken

„Was können wir denn schon tun?", so lautet oft die resignierte Frage, wenn es darum geht, sich für etwas einzusetzen. Dabei gibt es in unserem direkten Umkreis so viele Betätigungsfelder, in denen wir die konkreten Ergebnisse unseres Einsatzes auch wirklich sehen können! So viele Talente und Begabungen sind gefragt! Der eine kann prima organisieren, der andere kann gut zuhören und sich in sein Gegenüber hineinversetzen. Dem Dritten wiederum fällt es leicht, mit Zahlen zu jonglieren und die Finanzen im Griff zu behalten. Überall werden diese Fähigkeiten gebraucht.

Mit „Ehre" hat so ein Ehrenamt eher wenig zu tun, außer bei Jubiläen und Verabschiedungen. Dafür viel mit Zufriedenheit.

Etwas bewirkt zu haben, das schenkt uns selbst ein warmes Gefühl. Und wenn es vor allem dieses Gefühl ist, das uns überhaupt dazu bringt, uns einzusetzen – warum denn nicht? Das schmälert nicht das Resultat. Pure Selbstlosigkeit gibt es ohnehin nicht, da sollten wir uns nichts vormachen. Genießen wir also diese Zufriedenheit, die sich immer dann einstellt, wenn wir durch unser Tun mit dazu beigetragen haben, daß die Welt ein bißchen lebenswerter wird.

Man leiste nur was und
lasse Wirkungen von sich ausgehen,
so kommen gute Gegenwirkungen von selbst.

(Theodor Storm)

In andern Glück sein eignes finden,
ist dieses Lebens Seligkeit –
und andern Menschen Wohlfahrt gründen,
schafft göttliche Zufriedenheit.

(Friedrich Rückert)

Einer allein kann kein Dach tragen.

(Aus Afrika)

Gleichgesinnte finden

Noch ein Geschenk gibt es, das wir uns durch unser Ehrenamt selbst machen: Wir sind mit Menschen zusammen, die ähnlich denken wie wir. Mit Gleichgesinnten.

Im Beruf können wir uns ja nicht immer aussuchen, mit wem wir zusammenarbeiten. Das Ehrenamt läßt uns da schon mehr Freiheit. Hier finden wir Menschen, deren Weltanschauung, deren Werte und Interessen wir in größerem Maße teilen.

Freilich, auch in diesem Bereich wird es persönliche Sympathien und Antipathien geben. Aber die Chance, hier auf jemanden zu treffen, mit dem wir uns wirklich gut verstehen, ist doch groß. Und wir sollten sie nutzen.

Es stärkt unser Selbstbewußtsein, wenn wir wissen, daß wir mit den eigenen Überzeugungen nicht allein dastehen. Sich gemeinsam für etwas einzusetzen, das verbindet. Die Zeit, die wir mit unseren Gleichgesinnten verbringen, ist meist keine leere, sinnlose Zeit. Gespräche, Diskussionen, gelegentlich Streit, viel gemeinsame Arbeit, Aufgabenteilung vielleicht und am Schluß der Rückblick: Wie waren wir, was haben wir geschafft? Diese Erfahrungen schweißen zusammen. Auch so erfahren wir Geborgenheit und fühlen uns in der Welt ein wenig mehr zu Hause.

Jede Blume möchte zu
einem Blumenstrauß gehören.

(Sprichwort aus Italien)

Der eigentliche Kern der Freundschaft:
ein Glaube, ein Hoffen, ein gemeinsames Werk!
Es liegt eine große Freude darin.

(Annette von Droste-Hülshoff)

Glauben

Der Vogel in der Luft,
der Stein ruht auf dem Land.
Im Wasser lebt der Fisch,
mein Geist in Gottes Hand.

(Angelus Silesius)

Sie können nicht lächeln,
wenn Sie nicht beten.
(Mutter Teresa)

Gebet

Eigentlich ist schon alles gesagt – in der Bergpredigt nämlich. Hier hat Jesus den Menschen das Vaterunser geschenkt. Und hier hat er auch gesagt, wie wir beten sollen: in der Stille, in der Geborgenheit des eigenen Zimmers zum Beispiel. Und ohne Übertreibung, dafür mit ganz viel Vertrauen. Dies Letzte ist besonders wichtig: Zum Beten gehört das Vertrauen untrennbar dazu.

Vertrauen ist nun etwas ganz anderes als das Fürwahrhalten von Aussagen. Vertrauen hat weniger mit dem Kopf zu tun, mehr mit dem Herzen und dem Bauch. Lassen wir auch diese beiden zu Wort kommen im Gebet – und vertrauen wir auf die Geborgenheit, die uns seit Jahrtausenden im Vaterunser zugesagt ist.

Ich halte es für besser,
zu Gott zu sprechen als über ihn.
Ich sage Gott einfach,
was ich ihm sagen will,
ohne schöne Worte zu machen,
und er versteht mich.
Für mich ist das Gebet
ein einfacher Blick zum Himmel,
ein Ruf der Dankbarkeit und der Liebe.
Beten heißt nicht viel reden,
sondern viel lieben.

(THERESE VON LISIEUX)

Ist's etwas Großes, daß die Engel Gott loben?
Nein, denn wenn wir an ihrer Stelle wären,
würden wir es auch tun –
aber ich meine, daß Hiob auf seinem
Misthaufen Gott lobte,
das war etwas Großes
und dies Lob gefiel Gott besser
als das Lob aller Engel.

(GERHARD TERSTEEGEN)

Staunen ist der erste Schritt
zu einer Erkenntnis.
(Louis Pasteur)

Geboren werden

Du umschließt mich von allen Seiten
und legst deine Hand auf mich.
Zu wunderbar ist für mich dieses Wissen,
zu hoch, ich kann es nicht begreifen. (...)
Denn du hast mein Inneres geschaffen,
mich gewoben im Schoß meiner Mutter.
Ich danke dir, daß du mich so wunderbar
gestaltet hast. Ich weiß: Staunenswert sind
deine Werke. Als ich geformt wurde im
Dunkeln, kunstvoll gewirkt in den Tiefen der
Erde, waren meine Glieder dir nicht verborgen.
Deine Augen sahen, wie ich entstand,
in deinem Buch war schon alles verzeichnet;
meine Tage waren schon gebildet,
als noch keiner von ihnen da war.

(Aus Psalm 139)

Wie wenige andere Texte findet der Psalm 139 Worte für das Wunder des Lebens. Kunstvoll verbindet er die Schöpfungsgeschichte – in der Gott den Menschen aus Erde erschafft – mit dem Beginn jedes einzelnen Individuums im Mutterleib.

In jedem Kind träumt Gott
den Traum der Liebe,
in jedem Kind wacht ein Stück Himmel auf,
in jedem Kind blüht Hoffnung,
wächst die Zukunft,
in jedem Kind wird unsere Erde neu.

(Unbekannt)

Der erste Atemzug schließt,
gleich dem letzten,
eine alte Welt mit einer neuen zu.

(Jean Paul)

Sterben heißt dorthin gehen,
woher wir gekommen sind.

(Leo N. Tolstoi)

Sterben müssen

Eines der tröstlichsten Gedichte über das Sterben stammt von einem großen Dichter, der selbst lange krank war, bevor er 51jährig starb:

Herbst

Die Blätter fallen, fallen wie von weit,
als welkten in den Himmeln ferne Gärten;
sie fallen mit verneinender Gebärde.
Und in den Nächten fällt die schwere Erde
aus allen Sternen in die Einsamkeit.
Wir alle fallen. Diese Hand da fällt.
Und sieh dir andre an: es ist in allen.
Und doch ist Einer, welcher dieses Fallen
unendlich sanft in seinen Händen hält.

(Rainer Maria Rilke)

Zu wissen, man fällt mit dem Tod nicht ins Bodenlose, ist wohl der einzige Trost, der dem Tod vielleicht etwas von seinem Schrecken nehmen kann. Nicht umsonst erscheint Rilkes Gedicht „Herbst“ in vielen Todesanzeigen. Einen Menschen gehen lassen zu müssen, das ist weniger hart zu ertragen, wenn in aller Trauer eine Gewißheit da ist, wohin dieser geliebte Mensch nun geht.

Das Bild des Fallens entspricht der Bewegung Gottes in die Welt hinein, wie sie von Weihnachten bis Ostern immer wieder dankbar gefeiert wird: das Hinabkommen Gottes in die Welt bis in ihre tiefste Tiefe hinein, bis ans Kreuz. So daß niemand tiefer fallen kann als Gott selbst gegangen ist. Seine Hand ist immer schon da, um den Fallenden zu bergen.

Wir wirken, aber unser Wirken
ist ein Mitwirken mit Gottes Wirken,
denn seine Gnade kommt uns zuvor.

(Aurelius Augustinus)

Gnade

An welchen Orten taucht heute wohl dieses Wort auf: Gnade? Zuerst fällt mir das Kino ein. „Gnade“ winselt da der Schurke, und großmütig läßt der Held Gnade vor Recht ergehen. Dann taucht das Wort bei Gerichtsprozessen auf, in denen es um Begnadigung geht – auch kein wirklich anheimelnder Zusammenhang. Was also hat die Gnade überhaupt mit Geborgenheit zu tun? Eine ganze Menge!

Es gab nämlich Zeiten, da war dieses Wort eines der wichtigsten, wenn es darum ging, die Situation des Menschen zu beschreiben. Da war die Gnade Gottes ein Lebenselixier wie die Luft, die man zum Atmen braucht. Denn Gnade bedeutete – und daran hat sich bis heute nichts geändert –, trotz der eigenen Fehler und Gemeinheiten von Gott geliebt und angenommen zu sein. Nicht etwa in dem Sinne, daß es egal wäre, was man tut. Sondern so, daß die Liebe Gottes größer ist als alle unsere Schuld. Wie eine Mutter, die zu ihrem Kind sagt: „Egal, was du anstellst, komm auf jeden Fall nach Hause. Ich liebe dich trotzdem, wie du bist.“ Und deshalb hat die Gnade eben doch sehr viel mit Geborgenheit zu tun. Wie sonst könnten wir weitermachen, Tag für Tag, wenn wir das im tiefsten Inneren nicht glauben würden?

Mancher,
der sich vor dem Gericht Gottes
zu sehr gefürchtet hat,
wird sich in der Ewigkeit
ein klein wenig schämen müssen,
daß er dem Herrn
nicht noch mehr Gnade zugetraut hat.

(Johann Albrecht Bengel)

Das Hohelied der Liebe (1 Kor 13)

Wenn ich in den Sprachen der Menschen und Engel redete, hätte aber die Liebe nicht, wäre ich ein dröhnendes Erz oder eine lärmende Pauke.

Und wenn ich prophetisch reden könnte und alle Geheimnisse wüßte und alle Erkenntnis hätte; wenn ich alle Glaubenskraft besäße und Berge damit versetzen könnte, hätte aber die Liebe nicht, wäre ich nichts.

Und wenn ich meine ganze Habe verschenkte, und wenn ich meinen Leib dem Feuer übergäbe, hätte aber die Liebe nicht, nützte es mir nichts.

Die Liebe ist langmütig, die Liebe ist gütig. Sie ereifert sich nicht, sie prahlt nicht, sie bläht sich nicht auf.

Sie handelt nicht ungehörig, sucht nicht ihren Vorteil, läßt sich nicht zum Zorn reizen, trägt das Böse nicht nach.

Sie freut sich nicht über das Unrecht, sondern freut sich an der Wahrheit.

Sie erträgt alles, glaubt alles, hofft alles, hält allem stand.

Die Liebe hört niemals auf. Prophetisches Reden hat ein Ende, Zungenrede verstummt, Erkenntnis vergeht.

Denn Stückwerk ist unser Erkennen, Stückwerk unser prophetisches Reden;

wenn aber das Vollendete kommt, vergeht alles Stückwerk.

Als ich ein Kind war, redete ich wie ein Kind, dachte wie ein Kind und urteilte wie ein Kind.

Als ich ein Mann wurde, legte ich ab, was Kind an mir war.

Jetzt schauen wir in einen Spiegel und sehen nur rätselhafte Umrisse, dann aber schauen wir von Angesicht zu Angesicht.

Jetzt erkenne ich unvollkommen, dann aber werde ich durch und durch erkennen, so wie ich auch durch und durch erkannt worden bin.

Für jetzt bleiben Glaube, Hoffnung, Liebe, diese drei; doch am größten unter ihnen ist die Liebe.

SANKT ULRICH VERLAG

Schenke Merci

Gerald Drews / Christiane Schlüter

Danke

„Wäre das Wort ‚Danke' das einzige Gebet, das du je sprichst, so würde es genügen", hat Meister Eckhart einmal gesagt. Das Büchlein „Danke" ist für alle, die immer wieder mal nach dem rechten Wort suchen, und für jene, die es in Buchform gleich verschenken wollen.

ISBN 3-936484-42-2
Geb., 136 Seiten

Hermann-Josef Zoche

Sag ja

In sechzig kleinen Schritten zum großen Glück beschreibt Hermann-Josef Zoche, wie man lernt, mit sich selber und den anderen auszukommen. Er lädt ein, innezuhalten und auch einmal auf sich selbst zu warten, um ganz bei sich anzukommen.

ISBN 3-936484-12-0
Geb., 136 Seiten